JN095116

令和版 実践 遺言作成ガイド

元裁判官と公証人からの最新アドバイス

家族構成・目的別に探す
失敗しない66の文例

片岡武 / 花沢剛男 ------------------ [著]

日本加除出版株式会社

は し が き

　本書は,「令和版　実践遺言作成ガイド」というタイトルのとおり,令和の時代の中でも多様化した家族形態や,ライフスタイルに合わせた遺言の作り方や考え方についてわかりやすく「ガイドする」ことを目的に執筆しました。

　本書の特徴として,次の点が挙げられます。

　第1に,家族構成や目的別に33のケースを作成し,特に配偶者を含むパートナーや子どもの存在を起点に,それぞれ留意すべき様々な考え方を示し,また,お墓,祭祀承継,ペットや寄付(遺贈)など,遺言者の状況に応じた財産承継や終活に関する方法も検討しています。

　そして,「子どものいない夫婦間の交差型(たすき掛け)遺言」「事実婚パートナー」「おひとりさま」「熟年離婚」「ステップファミリー」「同性パートナー」など,現在の関心が高い多様な内容を取り上げ,それぞれ文例を掲載しています。

　第2に,基礎編においては,フローチャートを用いることで,遺言作成のために準備すべき事項や遺言と遺産分割の基本的な仕組みをわかりやすく示しています。

　そして,遺言作成に当たっての思考の道筋を示すため,遺言作成に当たって検討すべき内容を時系列で示し,また,相続人や第三者への財産承継(だれに,何を,どれだけ)の方法を検討しています。

　他方で,典型的な遺言書の作成ルールの内容説明については簡略化し,現代的な論点の解説に力点を置いています。

　第3に,各ケースを,「プロローグ」「会話編」「解説」「文例」「失敗しないためのポイント」「エピローグ」の順で説明を試み,会話の導入部分をきっかけとして,各項目を読み進めることで問題の所在やその解決のための手法を紹介しています。

　また,各所に用語解説や関連する項目などの説明を加えた「ひと言アドバンス」,最近の時事や法改正,リア王やカエサルのエピソードなどをテーマとした「コラム」も掲載しています。

　なお，本書では，遺言文例を多数掲載していますが，執筆者の責任において検討した内容であり，所属先・所属機関の見解や考え方とは異なる場合があります。

　本書が，現在，遺言作成等についてのアドバイスを行い，相談を多く受けている弁護士，司法書士，行政書士，税理士，金融機関関係者などの実務担当者ばかりではなく，遺言の作成を検討している高齢世代，今後親の相続などに直面する働き盛りの世代への遺言作成・相談に当たっての指針となれば幸いです。

　令和5年8月

片　岡　　　武
花　沢　剛　男

目 次

序章 フローチャートでわかる遺言作成のポイント

第1章 家族構成ごとに遺言を考える

第 2 章　子らへの相続分を考える

附章　遺言の書換えとデジタル化

文 例 目 次

本書の使い方

　本書においては，フローチャートや各ケースから，自分に合った様々な内容・形態の遺言を検討し，活用いただくことを目的としており，次のモデル家族構成を基に，各ケースの遺言文例を作成しています（子どもがいないケースやきょうだいのみのケースなど，ケースによって様々な家族構成としています。）。

〈モデル家族構成図〉

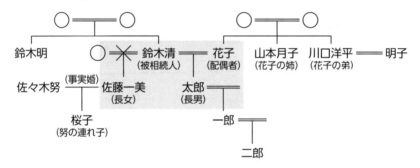

　なお，本書では，現在における多様性及びジェンダーバランスに配慮した記述を心がけていますが，いずれも遺言者を原則として夫としているのは，パターンの一貫性及び解説の便宜を考慮したことによるものです。

序章　フローチャートでわかる遺言作成のポイント

基礎編 —— 遺言を作成するに当たっての留意点

> 　おそらく誰もが，自身の相続によって相続人（家族）が争いになることを望んでいないと思います。
> 　自身の遺産をめぐる紛争を最小限にする一つの方法として，遺言の作成があります。遺言は，遺言者が自分の意思により，財産の「次の帰属（取得）先を決める」というものです。
> 　遺言を作成するかどうかの判断に当たっては，まず法定相続ではどのようになるかを考えましょう。もし，法定相続を変えたいのであれば，誰にどのように財産を譲り（与え）たいかという希望を明確にし，それを実現するための内容を検討する必要があります。
> 　以下，遺言作成の意義と，作成上の留意点をご紹介しましょう。

1　遺言することの目的

遺言と法定相続・遺産分割手続

　被相続人（亡くなった人）が遺言を残していない場合は，法定相続となり，法律（民法）により定められた相続人間で**遺産分割協議**が必要となります。相続人と抽象的な相続分は法律で定められても，具体的に財産をどう分けるかということは相続人間の協議に委ねられます。

　協議がまとまらないと家庭裁判所に遺産分割の調停を申し立てて，その手続の中で解決することになります。調停でも合意できない場合には，審判により分割方法を決めることになります。

　遺言相続と法定相続の関係を説明したものが **フローチャート1** になります。

二次紛争の防止 —— 子どものいる家庭の相続の場合

　子が二人以上いる家族の相続において，父又は母が先に死亡した（**一次相続**）時は，子らと残った父又は母が相続をするので，子からは後の二次相続で相続すれば良いとして異論が出ることは少なく，遺産分割協議がまとまることが多いと思われます。

しかしながら，残った親が死亡すると（**二次相続**），相続人である子らの意見が対立することがあります。その際，子の誰が（一次相続後に）残った親の介護をしたかという問題（寄与分等）にもなります。

また，これらの争いに相続人（子ら）の配偶者が，口を挟み，参加（参戦）するようになると，益々争いが混迷を深めます。何年も遺産相続をめぐる骨肉の争いが続き，仲が良かったきょうだいであっても，親の相続を機に仲違いしてしまうことも少なくなく，これは，まさしく相続が生んだ悲劇とも言うべき結果です。

ゆえに，遺言を作成しておけば，相当程度紛争の発生を防ぐことができます。

「交差型（たすき掛け）遺言」と予備的遺言の必要性 —— 子どものいない夫婦の場合

子どものいない夫婦の場合，夫が「**（夫が先に死亡したときには）全ての財産を妻に相続させる**」旨の遺言を作成することが考えられます。しかし，このような遺言を作成していても，妻が先に死亡してしまった場合（同時死亡も同じ）には，遺言は効力を持たなくなってしまいます。その場合，夫は，妻死亡後に改めて遺言を作り直せばよいのですが，常に遺言の書換えができるというわけではありません。妻に先立たれたという悲しみの中で，妻から相続した財産を含めて，将来，夫の財産を誰に，どのように譲るか（与えるか）ということを冷静に判断することが難しいこともあります。

そのため，遺言を変更（書換え）することなく死亡してしまうと，その相続は法定相続となりますので，夫の相続人（きょうだいなど）による遺産分割協議を要することが多くなってしまいます。

そこで，遺産分割による紛糾を避けるため，自身が先に死亡する場合だけでなく，妻が先に死亡する場合も考慮に入れて，予備的に，（夫が妻から相続した遺産を含めて）全財産を誰に，どのように相続させるかということを決めておくことが考えられます。これを**「予備的遺言」**あるいは「補充遺言」と呼びます。

フローチャート1　遺言相続と法定相続の関係

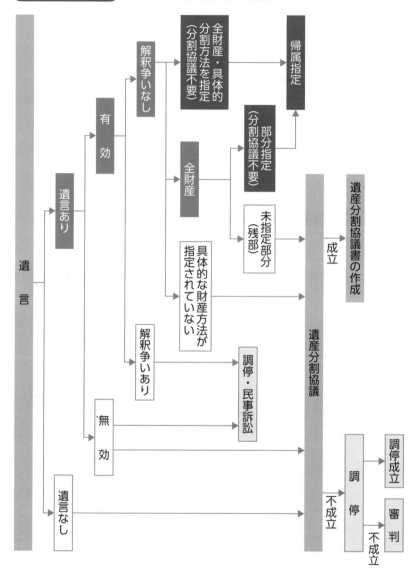

2 遺言を作成するに当たって検討すべきこと

遺言を作成するに当たって，次の各ステップを順次検討してください。

STEP 1 相続人の検討

相続開始時に配偶者がいるか否かを起点に，多角的に身分関係を検討していくと，次の **フローチャート2** になります。皆さんは，自分がどのパターンに属するのかを当てはめてください。そして，各論のテーマを参照し，検討してください。（→case 1 以降へ）

フローチャート2 遺言者の相続人の確認

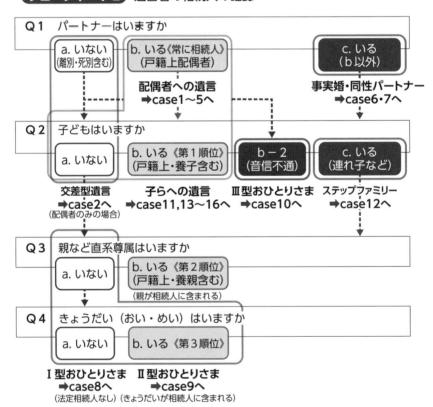

STEP 2 相続財産のリストアップ

　相続の対象となる財産（相続財産）に属さない財産・権利（例えば，生活保護受給権，年金受給権などの被相続人の一身に専属するもの）として，どのようなものがあるかを検討しましょう。

　祖先の祭祀のための財産については，相続とは別のルールで承継されますが，遺言によって祭祀承継者を定めることもできます。

　次の表は，相続財産をリストアップする際の調査資料と調査先などを説明したものです。

【表】　相続財産をリストアップするための主な調査先と調査資料

Q1	不動産はありますか？	●最寄りの法務局 ☑登記事項証明書，地図・公図 ●不動産所在地の市区町村役場の固定資産税係　等 ☑固定資産評価証明書，名寄帳
Q2	預貯金はありますか？	●預入先銀行などの金融機関 ☑預貯金残高証明書 ☑預貯金通帳の写し
Q3	有価証券等はありますか？	●証券会社，保険会社，金融機関　等 ☑株式の内容を示す文書 ☑投資信託の内容を示す文書 ☑保険の内容を示す文書 ☑出資金等の内容を示す文書
Q4	事業用財産がありますか？	●公認会計士，税理士 ☑決算書類 ☑商業登記簿等
Q5	会員権はありますか？	●契約先の会社 ☑契約書
Q6	借入金がありますか？	●金融機関　等 ☑金銭消費貸借契約書 ☑借用書等

STEP 3 財産の承継者の選択

　財産を誰に承継させる（譲る）かを検討しましょう。

　配偶者相続人，血族相続人（子，直系尊属，きょうだい，おい，めい），相続人ではないパートナーや連れ子（養子縁組していない場合），第三者（法人を含む寄付先，友人，知人等）を想定して，財産の承継者を選択することになります。

STEP 4　財産の承継内容，方法の検討

　相続人，相続人以外のパートナー等，第三者に対し，財産をどれだけ（全部か一部か，特定財産を対象とするのか），そしてどのような方式（遺贈，全部相続させる遺言，特定財産承継遺言，死因贈与等）で承継・取得させるかを検討しましょう。

> ①　全部あげる（全部相続させる遺言／包括遺贈）
> ②　一部分をあげる（割合的相続させる遺言・相続分の指定／割合的遺贈）
> ③　特定の何かをあげる（特定財産承継遺言／一部の財産の特定遺贈）
> ④　具体的な分け方を決めてあげる（遺産分割方法の指定）

STEP 5　遺留分の配慮

　民法は「**遺留分**」制度を認めています。遺留分とは，被相続人（亡くなった人）の財産から法律上取得することが，いわば保障されている最低限の取り分のことを言います。子どもや配偶者，直系尊属には遺留分が認められています。

　この遺留分は，遺言者にとっては制約となります。つまり，遺産の帰属先や割合をすべて遺言者が自由に決められない，決めたとしても後で**遺留分侵害額請求**がなされることによって修正を余儀なくされます。

実務Q&A

Q1　遺留分侵害額請求権はどうやって行使するんでしょうか？

A　「遺留分侵害額請求」権は，遺留分侵害額請求権を持つ相続人が，もらいすぎた相続人や受遺者に対して「遺留分侵害額を支払ってください」という積極的な権利行使をするというアクションが必要です（これが1つ目のハードルです）。しかも相続開始と遺留分侵害の事実を知ってから「1年以内」（相続開始から10年経過しても同じ）という時間的な制限があります（民法1048条，これが2つ目のハードルとなります）。

遺言作成時に遺留分を考慮すれば，遺留分が認められる相続人にも一定の財産を分け与えることができ，相続開始後の争いを避けることができます。

遺留分を考慮（優先）して遺言を作成するかどうかは，それぞれの置かれた状況によって判断が異なります。推定相続人がきょうだいしかいない場合には遺留分を考慮する必要はありませんので，遺言者の判断で自由に相続分を決めることができます。

STEP 6　予備的遺言の検討

例えば，「自分が死んだら全財産を生存配偶者に相続させる」遺言を作成していたが，その相手方である配偶者が先に死亡したという事態が生ずることも想定して，配偶者から譲り受けた財産を含む全財産をどのように処分するかの遺言を作成することも検討しましょう。

STEP 7　祭祀承継者，葬儀の検討

祭祀承継に関して相続人や関係者で対立がある場合の解決の視点は，家を中心とする墓祭祀から近親の追慕的な祭祀に移行してきています。被相続人の意思と希望が重要な判断要素となります。生前に最も密接な関係にあった人は誰か思いをめぐらせましょう。

祭祀承継者の指定の判断基準は変化し，また，葬儀の多様化もみられています。

STEP 8　生前契約（生前依頼事項）の検討

終活を検討する上で，終末期医療の有り様を希望したり，財産管理や任意後見契約，葬儀，埋葬及び死後事務を依頼することを考えてもよいかもしれません。ただし，これらは遺言に盛り込めるものと，別途契約が必要なものがありますので留意しましょう。

STEP 9　遺言執行者

遺言の内容を確実に実現したい場合には，**遺言執行者**を選定しておくとよいでしょう（詳細については，case 27参照）。

　遺言執行者は，亡くなった遺言者に代わって遺言の内容を実現するための様々な手続をとることができる（権限を持つ）人です。

　遺言には，遺言執行者の指定又はその委託，遺言の撤回など，その内容によっては，遺言の効力の発生と同時に遺言によって意図された法的状態が成立し，遺言の執行の余地がないものがありますが，他方，遺言の内容を実現するための執行行為を必要とする事項があります。

●遺言の執行を要するとされる事項

　次のものが挙げられます。

---

① 　遺言による推定相続人の廃除及びその取消し（民法893条，894条2項）
② 　遺贈（民法964条）
③ 　一般財団法人設立行為（一般法人法152条2項，157条，158条2項）
④ 　遺言信託（信託法2条2項2号，3条2号）
⑤ 　保険金受取人の変更（保険法44条1項，73条1項）
⑥ 　遺言による認知（民法781条2項）
⑦ 　祭祀承継者の指定に伴う祭具・墳墓の承継

●必ず遺言執行者によって執行されなければならない事項

　例えば，①遺言による推定相続人の廃除及びその取消し，②遺贈，⑥遺言による認知などです。

　これらの事項は，遺言執行者によりその意思が実現されることになります。

●遺言執行者を誰にするかを考える

　遺言執行者には，財産目録を作成し，相続人に交付するという職務があります。

　遺言執行者として誰を指定するかは慎重に選びましょう。弁護士など専門家に依頼すると安心ですが，親族に頼むより費用はかかります。

　信託銀行などによる遺言執行サービス（「**遺言信託**」という，遺言の作成から執行までのフルサービス）もありますが，合計では相当額の費用がかかりますので，事前によく確認しましょう。

STEP 10 付　言

　遺言の「付言」は，法的な効力は認められないものの遺言者が自由に
残せるものなので，残される人へのメッセージや遺言者の希望など制約
は特にありません。ただし，付言の中に，推定相続人の廃除を窺わせる
などの誤解を招く内容や表現を残すことは，相続後に誤解や混乱を招く
恐れがありますので避けましょう。

　また，付言に，遺言者の葬儀に対する希望（どんな花を飾ってほしい，
どんな曲を流してほしい，誰を呼んでもらいたい）なども自由に書くことが
できますが，遺言に葬儀の希望を書いた場合には，あらかじめ遺言を預
けるなどしておかなければいけません。

　公証人が遺言を作成する場合には，遺言の本文については，遺言者の
意思を尊重しつつ，法的にそれを最大限実現するために修正するようア
ドバイスすることがありますが，付言については，基本的に遺言者の希
望するままに（嘱託を受けた内容で）作成することを心掛けています（書
面で指示された場合には誤字や脱字などの最小限の修正に留めています）。

　次の **フローチャート3** は，これまでの10のステップを時系列にまと
めた内容になります。

フローチャート3 遺言作成に当たっての10のステップ

1 相続人の確認
- 子どもがいない場合
- 別れた妻や子ども，連れ子がいる場合
- 婚姻していない（事実婚）の場合
- 養子を検討している場合
- 相続人を廃除したい場合
- 相続人がいない場合

〈法定相続人〉		〈相続人以外〉
● 配偶者	● 直系尊属	● パートナー
● 子ども	● きょうだい	● 連れ子
	● おい・めい	● 第三者（法人含）

2 相続財産の確認
- 財産のリストアップ

だれ（どこ）に

3 財産の承継者の選択
- 自分の会社をどうするか
- 自宅・土地を処分するか

何を，どれだけ

第三者（法人含む）への遺贈の検討
分割困難なものが財産に含まれていないか

5 遺留分の配慮（配偶者，子ども，親など。きょうだい以外）
対象者がひとりだけ，または複数の場合平等の割合とするか

4 財産の承継内容・方法の検討
- お墓・祭祀財産のことを決めたい
- 家を処分したい
- ペットの世話をお願いしたい
- 望むところに寄付をしたい
- 清算して残金を分配したい

6 予備的遺言の検討
- 主位的遺言が効力を生じない場合，法定相続を避け，法定相続人以外に財産を譲りたい

7 祭祀承継の検討 葬儀の検討

8 生前契約の検討
- 終末期医療について決めておきたい
- 葬儀・埋葬に関する事項を決めたい
- 死後の事務をお願いしたい
- 生前の財産管理をお願いしたい
- 障がいがある子どものために備えたい

9 遺言執行者選定の検討
- 相続人に遺言執行を任せるか
- 銀行や弁護士などの専門家に遺言執行者を任せるか（費用負担の問題）

10 付言の検討
- 遺言者の想いを自由に
- 遺されたものへのメッセージ，遺言者の希望など

🌳❸基本的な遺言の文例

それでは，次に基本的な文例をみてみましょう。

本書では，第1章以下で様々な文例を紹介していますので，詳細は各章の解説を参考にしてください。

【文例1】　基本的な遺言の文例

> **第1条**　遺言者（鈴木清）は，遺言者の有する次の不動産（土地及び建物）を，遺言者の長男　鈴木太郎（昭和○年○月○日生）に相続させる。
>
> （不動産の表示）
> (1)　土地
> 　　　所　　　在　　○○市○○区○○町一丁目
> 　　　地　　　番　　２３番４
> 　　　地　　　目　　宅地
> 　　　地　　　積　　１２３.４５平方メートル
> (2)　建物
> 　　　所　　　在　　○○市○○区○○町一丁目２３番地４
> 　　　家屋番号　　２３番４の５
> 　　　種　　　類　　居宅
> 　　　構　　　造　　木造亜鉛メッキ鋼板ぶき２階建
> 　　　床　面　積　　１階　５６.７８平方メートル
> 　　　　　　　　　　２階　４５.６７平方メートル
>
> **第2条**　遺言者は，遺言者の有する次の不動産及び預貯金の中から金○○○万円を優先して遺言者の長女　佐藤一美（昭和○年○月○日生）に相続させる。
>
> （不動産の表示）
> 　一棟の建物の表示
> 　　　所　　　在　　○○市○○区○○町一丁目３４番地５
> 　　　建物の名称　　ロイヤーズビル武蔵野
> 　　　構　　　造　　鉄筋コンクリート造３階建
> 　　　床　面　積　　１階部分　○○.○○平方メートル
> 　　　　　　　　　　２階部分　○○.○○平方メートル
> 　　　　　　　　　　３階部分　６７.８９平方メートル
> 　専有部分の建物の表示

　　　　家屋番号　○○町一丁目34番5
　　　　建物の名称　301号
　　　　種　　類　居宅
　　　　構　　造　鉄筋コンクリート造1階建
　　　　床面積　3階部分　67.89平方メートル
　　　敷地権の目的である土地の表示
　　　　土地の符号　1
　　　　所在及び地番　○○市○○区○○町一丁目23番4
　　　　地　　目　宅地
　　　　地　　積　78.90平方メートル
　　　敷地権の表示
　　　土地の符号　1
　　　　敷地権の種類　所有権
　　　　敷地権の割合　1000分の7

第3条　遺言者は，遺言者が有する第1条及び第2条に記載する以外の全ての財産（不動産，預貯金，有価証券等を含む。）を遺言者の妻　鈴木花子（昭和○年○月○日生まれ）に相続させるとともに，次の債務，費用等を妻花子に負担又は承継させる。

　⑴　遺言者の医療費，施設利用料，公租公課その他の未払い債務（ただし，第1条記載の不動産にかかる公租公課は長男太郎に負担又は支払いをさせる。）

　⑵　遺言者の葬儀，埋葬，法要に要する費用

　⑶　本遺言の執行に要する費用（ただし，第1条記載の不動産にかかる登記手続費用は長男太郎に負担又は支払いをさせる。）

第4条　遺言者は，妻花子が遺言者の死亡以前に死亡した場合，前条で同人に相続させるとした財産を長男太郎及び長女一美の両名に各2分の1宛相続させるとともに，前条の債務，費用等を長男太郎と長女一美に各2分の1宛負担又は承継させる。

第5条　遺言者は，祖先の祭祀を主宰する者として長男太郎を指定し，○○霊園にある「鈴木家」の墓地の使用権を含めて祭祀用財産を長男太郎に承継させる。

第6条　遺言者は，本遺言の遺言執行者として妻花子を指定する。
　　　もし，妻花子が遺言者の死亡以前に死亡した場合又は遺言執行者に就任しない場合には，本遺言の遺言執行者として長男太郎及び長女一美の両名を指定する。

【文例２】　付言の例（公正証書遺言の場合）

> 　遺言者は，次のことを伝えて遺しておきます。
> 　私（遺言者）の人生は，これまで幸せでした。特に，妻花子は，私に新しい家族を作る元気と生きがいを与えてくれました。妻花子には心から感謝しています。
> 　長女一美と長男太郎とは，これからも遺言者の姉弟として円満な関係を続けてください。この遺言では，そのことを最大限考慮して作成したつもりです。どうか，そのことを理解してください。
> 　長男太郎は，これからも母親である花子を支えてあげてください。
> 　私の葬儀では，妻花子が喪主となり，葬儀では，私が好きであったモーツアルトの曲を流してください。レクイエムは一番最後にお願いします。祭壇には，菊はあまり好きではありませんので少しにしてください。
> 　また，お金を掛ける必要はありませんので，家族と親しかった友人，知人だけで見送ってください。
> 　あとは妻花子に任せます。
> 　これまで私が幸せだったのは家族皆のおかげです。遺した遺産を有効に使って，どうか今後とも幸せな人生を送ってください。ありがとうございました。
> 　私は一足先に天国で，妻花子が後から来るのを待っています。ただし，急ぐ必要はありません。現世を十分に愉しんでから来てください。気長に待っています。

【文例3】 自筆証書遺言の例（一部訂正あり）

遺言書

1 遺言者（鈴木清）は，その所有する不動産，預貯金，有価証券その他すべての財産を遺言者の妻花子（昭和○○年○月○日生まれ）に相続させる。

　もし，妻花子が遺言者の死亡以前に死亡した場合は，妻花子に相続させるとした財産を遺言者の長男太郎（昭和○○年○月○日生まれ）及び長女一美（昭和○○年○月○日生まれ）に各2分の1を相続させる。

　　　　　　　　　　　　　　妻花子　㊞（鈴木）

2 遺言者は，本遺言の遺言執行者として~~長男太郎~~を指定し，不動産に関する登記手続，株式，有価証券，預貯金等の換価，換金，名義変更その他の処分，貸金庫契約がある場合には，その開扉，解約，内容物の取り出しその他本遺言執行のために必要なすべての権限を付与する。

3 遺言者の墓は作らず，散骨による方法を希望する。後のことは妻花子に任せる。

　妻花子には心から感謝している。本遺言を作成したのも，妻花子の今後のことを思ってのことである。子どもたちは，遺言者の遺志を尊重するように。

　皆の幸せと健康を祈っている。

　　　　令和○年○月○日

　　　　　　遺言者　　鈴木　清　㊞（鈴木）

　上から9行目・前から数えて20文字目から4字を削除，3字加入
鈴木清

自筆証書で遺言を作成する場合は，以下の項目を確認しましょう。

チェック項目
☑全て自筆で書いた
☑日付は特定できる
☑署名した
☑複数人で署名していない（共同遺言をしていない）
☑押印をした
☑本文の作成日と日付の押印の日は同一である ※作成日，日付，押印した日が異なる場合，遺言の効力が問題となる場合がある
☑財産目録を通帳のコピーやパソコンで作成したが，条項ごとに署名，押印をした
☑誤字，訂正箇所はない
☑誤字はあるが，加除，訂正については①その場所を指示し，②これを変更した旨を付記して③特にこれに署名し④変更場所に印を押した
☑財産は登記事項証明書，通帳で特定できる
☑財産をもれなく記載した上で「その他遺言者に属する一切の財産」等の文言を入れた
☑相続人，財産を譲る人が続柄，氏名，生年月日等で特定できる
☑「相続させる」「承継させる」「遺贈する」の用語の使い分けをした
☑遺留分に配慮して，遺留分侵害額請求等の後のトラブルを回避する分割方法とした
☑工夫をした付言事項に想いを残し，後のトラブルが起きないように記載した

※　なお，自筆証書で作成する場合費用はかかりませんが，遺言が発見されない場合や廃棄・処分されるリスクがあります。相続開始後の義務とされている検認手続も手間がかかるため，低廉な費用（3900円）で自筆証書遺言を法務局が保管してくれるサービスが始まりました。

遺言作成方法の選択と執行までの流れ

　遺言の作成方式として，多く用いられるのは自筆証書と公正証書がありますが，その効力は同じです。しかし，紛失や偽造などのリスクを考えると，多少費用はかかっても公正証書で作成する方が安心であるといえます。それ以外にも，秘密証書という方式もありますが，利用数は多くありません。

　自筆の遺言を法務局に保管すると，紛失したり，要件不備によって無効となることを相当程度防ぐことができます。費用も3900円ですし，相続開始後の検認手続も不要ですから，費用や相続人らの手間を省けます（遺言の検索や遺言書情報証明書の入手もできます）。

　なお，遺言者自身で法務局まで出向く必要があること（自宅や病院，施設などに出張しての保管はしてもらえません），自動車運転免許証やマイナンバーカードなど顔写真付きの公的身分証明書が必要となること（印鑑登録証明書と実印の持参では作成できません）といった利用上の制約がありますので注意が必要です。

　また，公正証書での作成と異なり，法務局では内容面のアドバイスを受けられませんので，内容は自身で考えるか，専門家に相談するなどして自己責任で決める必要があります。

　一方で，公正証書遺言は，財産の種類が多かったり，相続間に感情的な対立があり紛争が予測されること，また，第三者への寄付（遺贈）や遺産の分配方法が複雑な場合などに有用です。公証人からの内容面のアドバイスが受けられるメリットもあります。

　次の **フローチャート4** では，遺言の作成方式から具体的な遺言執行までの流れを示しています。それぞれの遺言作成方式のメリット・デメリットを検討した上で，作成・保管してください。

フローチャート4 遺言作成から遺言執行までの流れ

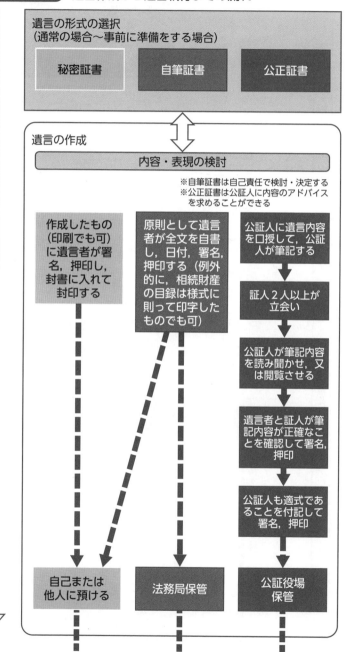

1

遺言の作成手続・保管

遺言の形式の選択
（通常の場合〜事前に準備をする場合）

| 秘密証書 | 自筆証書 | 公正証書 |

遺言の作成

内容・表現の検討

※自筆証書は自己責任で検討・決定する
※公正証書は公証人に内容のアドバイス
　を求めることができる

作成したもの
（印刷でも可）
に遺言者が署
名，押印し，
封書に入れて
封印する

原則として遺言
者が全文を自書
し，日付，署名，
押印する（例外
的に，相続財産
の目録は様式に
則って印字した
ものでも可）

公証人に遺言内容
を口授して，公証
人が筆記する

証人2人以上が
立会い

公証人が筆記内容
を読み聞かせ，又
は閲覧させる

遺言者と証人が筆
記内容が正確なこ
とを確認して署名，
押印

公証人も適式であ
ることを付記して
署名，押印

自己または
他人に預ける

法務局保管

公証役場
保管

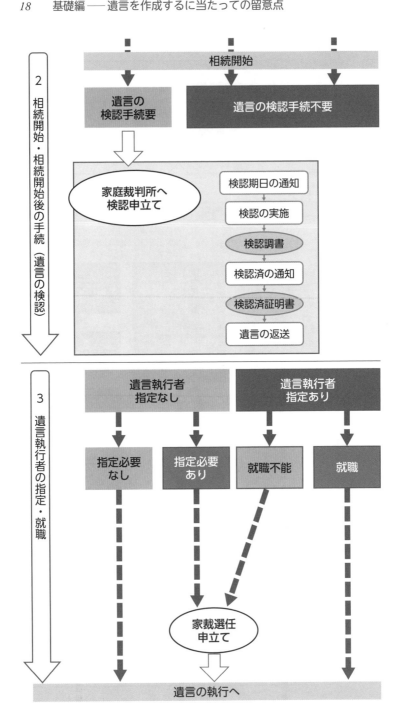

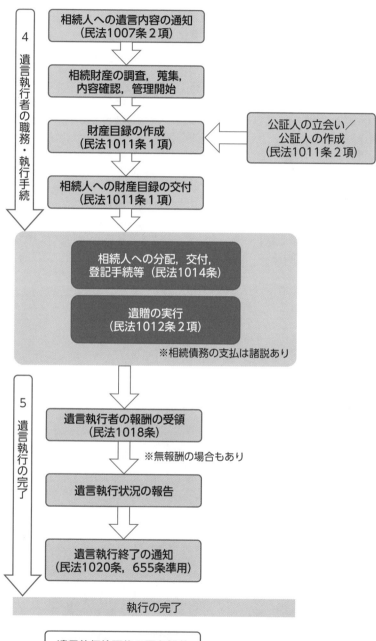

column 🖋 リア王の失敗（悲劇）に学ぶ

1　物語の概要

　400年以上前に活躍したイギリスのシェークスピアには様々な作品（戯曲）がありますが，4大悲劇の一つとして「リア王」が挙げられます。この話の概要は，老境に達したリア（ブリテン国）王が引退を決意し，3人の娘（ゴネリル，リーガン，コーディリア）に王国を三分して与えようとしますが，父王は，そのときに，自身に対する孝行や愛情を□で表現するよう求めました。姉2人は，王国欲しさに父王に心にもない甘言を□にします。三女コーディリアは父王を大切に思っていましたが，その真意を言葉で表すことはできないとして，父王の要求に逆らい，耳当たりの良いことを言わなかったために，その怒りをかってしまい，王国を分け与えられるどころか，ブリテンから追放されてしまいます。その結果，王国は，姉2人に分け与えられますが，姉2人は，やがて，父王を蔑ろにするようになり，父王は，二人娘からの酷い仕打ちに耐えきれず，流浪の旅に出てしまいます。一方の追放された三女は，フランスに渡り，そこで仏王と結婚しますが，父王の窮地を知り，姉二人の支配する王国と戦いをします。しかし，フランスは敗れ，コーディリアは囚われの身となってしまい，姉の放った刺客により殺害されてしまいます。そして，父王は，コーディリアの遺骸を抱えて狂気のままに死亡するという結末を迎えるという内容です。

　王は，王国の財産分けを失敗し，自身と最愛の三女を不幸にしたばかりか，それによって三女の命さえ失わせてしまうという二重，三重の不幸を招いてしまったという悲劇的な顛末を迎えます。

2　リア王の悲劇の原因

　リア王の失敗の第1は，王が王国を分けようと判断する時期が遅すぎたということです。王の決断がもう少し早く，年齢的に若ければ，もう少し柔軟に判断することができ，姉2人による甘言に騙されることがなかったといえます。王の高齢が王の判断を誤らせ，硬直化させてしまったといえます。王が高齢になるまで権力に固執し，判断の遅れがもたらしたことにあります。

　第2に，長女，二女2人からの一時的な甘言に溺れてしまい，三女の真実を訴える声に耳を貸さず，目が曇ってしまっていたことです。孝行や愛情を□で表現することを求める自分の要求や判断基準の甘さや欠点に気づかず，それを娘3人に押しつけようとしたことが悲劇を招いた要因ともいえます。

　第3に，三女の真意を理解できず，周囲（忠臣のケント伯爵）からの諫言にも王は耳を傾けなかったことです。王にもう少し周囲からの声を聞く

耳があれば，悲劇は防げたはずです。甘言か，諫言かの区別ができなかったことが失敗の要因です。

　第4に，王国を生前に娘二人に分け与えてしまい，後戻りが出できなくなってしまったことです。たとえば，現在の遺言のような方式であれば，撤回もできたのでしょうが，生前贈与を選択し，娘二人に王国を分け与えてしまったために，追われてしまう結果になったのです。王は生前贈与を選択することにより，王国を娘らに任せて，娘から大切にされて余生を過ごしたいとの夢を持ったのかもしれませんが，それが失敗の原因でした。

　「リア王」の悲劇は，現代社会にも通じますし，誰でも容易に理解しやすい内容です。本書の読者の中でも，遺言の作成や財産の生前贈与を検討されている人がいると思いますが，「リア王の悲劇」を生まないように，その後継者や財産の分け方について慎重に，かつ適切な時期にその判断をしていただくための「他山の石」として参考にしていただきたいと思います。

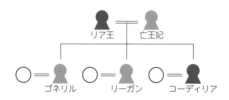

　　　　　コラムのような失敗を起こさないためにも自分の遺産をめぐる紛争を避けることを考えましょう。

　（生前贈与を含めて）自身の相続を考えるに当たっては，できるだけ元気なときに，冷静になって，行く末を見据えて判断しましょう。

　自身が信頼できる人，あるいは利害関係抜きで助言してもらえる人など，周囲からの助言にも耳を傾けましょう。複雑な事情があったり，身近な人がいない場合，弁護士などの専門家に費用を払ってでもアドバイスを受けた人が客観的にかつ自身のためにもなります。

　もし，以前の判断が失敗だ，または状況が変わったのであれば，遺言内容を変更するのも一つの方法です。遺言はいつでも書き換えができますが，これも元気なときに（判断能力があるうちに）書き換える必要があります。後記case32「遺言の書換え」の項も参考にしてください。

case 1　**配偶者に全財産を相続させる遺言**

 prologue　　結婚している夫婦が遺言を作成することを検討する場合，一方が先に亡くなることを考えて生存配偶者に対し財産を譲りたい（与えたい）という内容の遺言を作成することが考えられます。本項では，配偶者に全財産を相続させる遺言を作成する場合の注意点を考えてみましょう。

ハナコとたけしの会話──配偶者に全部相続させたい場合

 夫が，妻に対し財産を全て譲りたい（与えたい）と考えている場合，どうすればよいの？

妻に「全財産を相続させる」旨の遺言を作成すればいいんだよ。

 他の相続人は遺産を取得することはできないの？

そうなるね。この場合，すべての遺産が遺産分割の対象からはずれてしまって，他の相続人は遺産を相続することができなくなるんだよ。

 他の相続人は，不満があったら，どうしたらいいの？

他の相続人が遺留分権利者（親や子ども）である場合には，相続人である妻に対し，遺留分侵害額に相当する金銭の支払を請求することができるよ（民法1046条1項）。

第1 夫婦間の遺言

 解　説

> 先に亡くなる夫又は妻が，生存配偶者に対して「全ての財産を譲りた
> い（与えたい）」というのは，子どもがいる・いないに関わらず多く
> 見られる希望です。

1 「相続させる」という遺言 ── 「相続させる」は遺言の決まり文句?

夫が妻に財産を相続させたいと希望する場合に，どのような内容の遺言を作成したらよいでしょうか。

これは，後記の文例のように，

「遺言者（夫）は，遺言者の有する全ての財産を遺言者の妻に相続させる」と記載することが一般的です。

遺言では，（財産を誰々に）**「相続させる」**という表現を用います。相続人から見ると「相続する」ことになりますが，被相続人（亡くなる人）から見ると，自身の持つ財産などを相続人に「相続させる」という使役的な表現となります。

2 「全部相続させる」遺言は「相続分を指定する」意味になる

冒頭に文例として挙げた「全ての財産を妻に相続させる」という遺言は，特定財産承継遺言ではなく，**「相続分の指定」**として扱われますので，妻が全部（100％）を相続し，他の相続人が相続する財産はゼロという分割方法となります。

3 全部相続させる遺言と遺留分の問題

遺留分侵害

遺言者が，遺言で全部相続させる遺言をした場合，相続人の一人が全ての遺産を取得しますので，遺留分権利者の遺留分を侵害しているので，侵害された者（遺留分権利者）は相続分を超えて相続した者に対して**遺**

留分侵害額請求を行うことができます（民法1046条1項）。

ひと言アドバンス

「遺留分侵害額請求」

　平成30年民法改正以前には「遺留分減殺請求」と呼ばれていましたが，法的効果が金銭請求に改正されたことに伴い，名称も「遺留分侵害額請求」と変更されました。

遺留分を視野に入れた遺言の作成

　遺言で相続分が決められていても（100％相続の場合），遺留分侵害額請求がなされると，相続後に相続人間で新たな紛争が生じることになります。

　相続人同士の紛争予防のために，遺言で相続分を決めるときに遺留分の配慮が必要になると予測される場合には，遺留分額の見込みを立てて，各相続人に対し，遺贈をしたり，**特定財産承継遺言**をすることにより遺留分に相当する財産を取得させることを検討する必要があるでしょう。

ひと言アドバンス

「特定財産承継遺言」

　平成30年の民法改正では，遺産の分割の方法の指定として，特定の財産を共同相続人の一人又は数人に承継させる旨の遺言について，「特定財産承継遺言」と定義づけをしました（民法1014条2項）。そのため，例えば「○○の土地及び建物を相続させる」「○○銀行○○支店の普通預金を相続させる」という文言を遺言に記載しておくと，「遺贈」とはみずに，遺産分割方法の指定としての意味が与えられます。遺贈と特定財産承継遺言との違いは，遺贈であれば個別にそれを受け取る（承認），受け取らない（放棄）の判断（選択）ができますが（民法986条1項），特定財産承継遺言ですと，その受け取りを拒否するためには，相続放棄の手続を取る必要があります（民法915条，938条）。

第1　夫婦間の遺言

子どもからの親への遺留分侵害額請求

　実際問題として，子どもから親（母）に対して遺留分侵害請求をする例というのは，多くはないと思われます。それは，いずれ親（母）の相続があれば，母の持っている財産を子どもが相続することになると考えたり，亡くなった親（父）の考えを尊重したいという気持ちもあるでしょう。何しろ，父から母への相続ですので，あまりこれに異議を唱えたくないという面もあります。

　もっとも，子どもから親への遺留分侵害額請求が絶対になされないとは断言できませんので，そのような事態が予想される場合には，配偶者の相続分を決める際には慎重さが必要です。

 ## 4 配偶者に対する相続税の軽減特例

　配偶者には，被相続人の財産形成や維持に貢献したなどの理由から，相続税の軽減特例があります。

　配偶者が取得した財産の額が，遺産総額に対し，配偶者の法定相続分相当額（子どもがいる場合には2分の1）以下であれば課税されませんし，他方，遺産総額が比較的少ないときは，配偶者が取得した財産の額が配偶者の法定相続分を超えたとしても，1億6000万円までであれば，相続税は課税されません。

ひと言アドバンス

　配偶者には相続税の軽減があるとしても，一次相続後配偶者がまもなく死亡し二次相続がすぐに発生した場合には，配偶者の遺産が多いと二次相続では基礎控除（3000万円＋600万円×法定相続人の数）のみとなり，相続人にはかえって多額の相続税が課税される場合もありますので，税理士に相談しておく方が安心です。

「相続させる」遺言の趣旨と効果（参考）

「相続させる」の趣旨

　遺言の中で「相続させる」という用語を用いると，次に述べるとおり相続人の相続分を指定し（民法902条），遺産の分割の方法を定めるという法的効果が生ずる場合もあるので有用です。

　したがって，遺言者がその相続人に財産を譲る場合には，「相続させる」という表現を用いましょう（※例外的に相続人にも「遺贈する」という表現を用いる場合もあります。）。

「相続させる」の効果（遺産分割方法の指定）

　「相続させる」と記載した遺言は，相続としての処理と，相続と同時に権利移転の効果を持たせる（その結果，遺産分割手続を省略できます。）という遺言者の2つの意思を満足させることになります。そのため，遺言の記載から，その趣旨が遺贈であることが明らかであるといった特段の事情がない限り，**遺贈でなく遺産の分割の方法を定めた遺言**であると解されます。

　この記載のある遺言があれば，相続人の間の遺産分割手続を経なくても，当然に特定の遺産が被相続人の死亡の時に直ちに特定の相続人に移転する効力があるとしています（最二小判平成3年4月19日民集45巻4号477頁・遺産分割効果説）。

　上記判例によると，**「相続させる」と記載された遺言は，遺産分割方法の指定がなされた**と解するのが原則です。

　これに対して特定の相続人に対し財産の一定割合（○分の1など）ないし全てを取得させる内容の遺言は，**相続分の指定**をしたものと扱われます（民法1046条1項かっこ書）。

　「相続分の指定」とは，遺言者が，共同相続人の全部又は一部の者について法定相続分と異なる割合の相続分を遺言で定めるものです。

🕊 文例─妻あるいは夫に全財産相続させる遺言

【文例4】　配偶者に全財産を相続させる例

> 第○条　遺言者（鈴木清）は，遺言者がその相続開始の時に所有する全財産を遺言者の妻鈴木花子（昭和○年○月○日生）に相続させる。

失敗しないための ポイント

☑　法定相続では他に相続人が一人もいない場合でない限り，配偶者に財産の全てを承継させることはできないので，配偶者に全財産を取得させたいのであれば遺言の作成が必要です。

☑　付言事項には法的な効力はないと考えられていますが，付言の中で，妻（又は夫）が死亡する二次相続において，一括して清算して欲しいとする意思（希望内容）を記載しておくと，遺言者の夫（又は妻）の意思をはっきりさせることができます。

epilogue　遺言を作成するにあたっては，遺産総額，相続人同士の関係，遺留分権利者がいるかどうか，また，遺留分権利者がいるとして遺留分侵害額請求をするかどうかの予測，そして死後に遺産紛争が起きる可能性があるか否か等の事情を考慮して，遺言の内容を決めることになります。遺言者が遺言の中で妻に対し全財産を取得させる理由も記載しておけば，子どもたちを含めて相続人の多くは遺言者の意思を尊重することになると思われます。

お互いに全財産を相続させる 夫婦間の交差型（たすき掛け）遺言

 prologue 　子どものいない夫婦では，互いに「先に死亡した人が生存配偶者に全ての財産を相続させる」旨の遺言を作成する場合が多く見られます。ところで，このような場合，その法定相続人は，夫婦以外に，それぞれのきょうだいがいることが多くあります。本項では，先に死亡した人が生存配偶者に全財産を相続させるという内容の遺言を作成しておけば，それで十分かということを考えてみましょう。

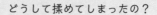 ハナコとたけしの会話 —— 夫婦相続の「その後」

この前，私の知り合いご夫婦が相次いで亡くなってしまったんだけど，亡くなった後で揉めてしまったらしいの。

どうして揉めてしまったの？

2人にはお子さんがいなかったので，お互いに遺言を作り合って，先に死亡した人が生存配偶者に対し全財産を相続させるという内容にしていたらしいの。その後，夫が先に死亡したので，遺言に従い妻が相続したの。

それはよくあることだし，夫もそれを望んでいたことだよね。

そうしたら，妻も，間もなく後を追うように亡くなってしまったの。その結果，妻の妹が，夫婦の預金や住んでいたマンションなど全財産を相続することになったのよ。

法定相続ならそうなってしまうね。

そうしたら，夫の親戚が，相続した妻の妹に対し「夫がローンを組んで，ようやく返し終わったマンションなのに，全てを妻の妹だけが相続してしまうのはおかしい。夫側の親戚にも半分は渡すべきだ」と要求をしたらしいの。

遺言の内容を工夫しておけば，このようなことになることを防ぐことができたかもしれないのになぁ。

第
1
章

夫婦間の遺言

> ### 解　説

- 夫婦が互いに全財産を相続させるという「交差型（たすき掛け）遺言」では，二次相続のことを踏まえ，予備的遺言の内容も慎重に検討しておきましょう。
- もし，夫の財産，妻の財産を，それぞれ別の親族に与える場合，予備的遺言の中で財産を区別し，その記載する内容を工夫しておくのがよいでしょう。

1 子どものいない夫婦で作成する交差型（たすき掛け）遺言

　夫（清）の遺言においては「（清が先に死亡したときは）全ての財産を妻（花子）に相続させる」とあり，また，妻（花子）の遺言では「（花子が先に死亡したときは）全ての財産を夫（清）に相続させる」という内容の遺言を作成することが多くみられます。

　筆者は，この夫婦が互いに，自身が先に死亡したときは生存配偶者に全財産を相続させる内容の遺言を「交差型遺言」とか「たすき掛け遺言」と呼んでいます。これは，先に死亡した人が，生存配偶者がその後の生活に困らないよう，また二人で築いた財産だからという理由で，生存配偶者に全財産を譲る（与える）という考えに基づくものであり，互いに配偶者を思いやる夫婦関係では多く見られる内容であって，その内容自体に問題はありません。

　交差型遺言は，子どものいない夫婦だけではなく，子どものいる夫婦でも作成する例は少なくありません。なお，子どもには遺留分があることに留意しておきましょう。

2 交差型（たすき掛け）遺言の意義

子どものいない夫婦の相続 ── 妻と夫のきょうだいとの遺産分割

　夫清が先に死亡すると，（夫婦間には子どもがいないため）その妻花子と，夫清のきょうだいである明が清の法定相続人になります。

　したがって，夫清が妻花子に対し全ての財産
を「相続させる」旨の遺言（全部相続させる旨の
遺言）を残さないと，妻花子と夫のきょうだい
である明との間で遺産分割協議が必要になりま
す。民法上，妻花子の法定相続分は4分の3，
明の法定相続分は4分の1ですが，例え4分の

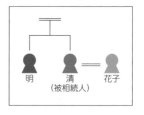

1（25％）の相続分であっても，妻花子が財産を処分したり，全部相続
するためには明との間で遺産分割協議（話合い）が必要となります（もっ
とも，花子と明との関係が円満（死亡した清を含めて）であれば，大きな揉め事
にはならないでしょう。）。

遺言がない場合は，配偶者のきょうだいらとの手続に苦労する

　遺言がないと，配偶者らのきょうだいらと法定相続による遺産分割協
議になりますので，法定相続人を証明するための書類一式を取り揃える
必要があります。そして，きょうだいが一人（明）だけなら，その一人
で済みますが，きょうだいが複数名いると，（それだけ）手間や書類もそ
れだけ増えてしまいます。

　明が協力的であったとしても，相続手続を進めるためには，書類に実
印を押してもらう必要があり，また，明の**印鑑登録証明書の提出**が必要
とされたり，明に負担や手間をかけることになります。明が海外などに
居住していると印鑑登録証明がありませんので，大使館などでサイン証
明をもらう必要があり容易に遺産分割協議もできません。

相続放棄手続も意外に面倒

　夫清のきょうだいに頼んで「相続放棄してもらえばいい」と考える人
もいるかもしれません。しかし，**相続放棄の申述手続**も簡単ではありま
せん。家庭裁判所に書類を提出する必要がありますし，3か月という期
間制限がありますし，相続放棄の申述手続をすると，家裁から照会文書
が届きますので，その返送も必要になるといった手数もかかります。

「全部相続させる」遺言の必要性

　夫清が生前に**妻花子に，夫清の持っている財産全部を相続させる内容の遺言**を作成しておけば，夫清のきょうだいには遺留分がありませんので（両親らも死亡していることが多いでしょう。），残された妻花子が先に死亡した夫清の全ての財産を相続できることになります。

　これまでの説明は，夫清の遺言に関することでしたが，妻花子が先に死亡することを考えた場合でも，妻花子が夫清に対し全ての財産を相続させる旨の遺言をしておかないと，夫清は妻花子の相続を巡り妻花子のきょうだいの月子らとの間で遺産分割協議が必要となる事態が起こります。

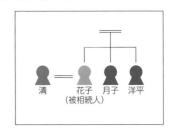

 ## 3 　夫婦が双方死亡したときの二次相続の問題

夫婦双方が死亡した後（二次相続）のこと

　子どものいない清・花子の夫婦が，互いに「交差型（たすき掛け）遺言」を作成した場合，先に夫清が死亡すると，妻花子がすべてを相続できます。そして，妻花子が夫清を相続した後に死亡すると，以前に作成していた「全ての財産を夫清に相続させる」との妻花子の遺言は，夫清が死亡しているので効力が生じません。そうなると，妻花子は，先に書いた遺言を書き換え（変更）ていない限り，法定相続に従って，花子の法定相続人（子ども，直系尊属もいない場合には，きょうだい）が財産を相続する結果となります。

「交差型（たすき掛け）遺言」の限界

　夫清が死亡した（一次相続）後に，妻花子が亡くなる（二次相続）と，妻花子の法定相続人（花子のきょうだい）は，妻花子が所有していた財産だけではなく，**夫清が妻花子に譲った遺産も相続できる**ことになります。

　例えば，清と花子は，自宅などの不動産を，二人で貯めた購入資金や，住宅ローンなどで購入することがあります。その場合，単なる「交差型

（たすき掛け）」遺言では，**二次相続後は妻花子の法定相続人（花子のきょうだい）がその全てを相続する**結果となります。妻花子，また，先に死亡した夫清もそのようなことを望んでいない場合も少なからずあるかもしれません。

 二次相続を視野に入れた予備的遺言の作成検討

　夫清は，遺言の中で，**主位的遺言として「（清が先に死亡したときには）全ての財産を妻花子に相続させる」**旨を記載するほか，**予備的遺言**をしておけば，もし妻花子が清の死亡より前に死亡し，清が花子の遺産を相続することになった場合に，その後に発生する清の相続のときに財産をどうするかを決めておくことができるのです。つまり，花子から相続した財産も清の固有の財産も，どのように相続（遺贈を含め）させるかを，あらかじめ定めておくことができます。

　一つの考え方としては，**夫婦共通で「相続させる」又は「遺贈する」先を決める**方法があります。

　例えば，夫婦がともに共感する寄付先に遺贈する旨の予備的遺言を作成しておけば，夫婦二人が残した財産が二次相続後にそこに遺贈される結果となります。

図1　清がする遺言

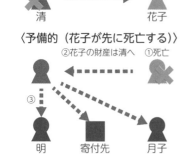

〈主位的（清が先に死亡する）〉
①死亡　②清の財産は花子へ（主位的遺言）
清　　花子

①清が先に死亡する
②清の財産は花子に移転する

〈予備的（花子が先に死亡する）〉
②花子の財産は清へ　①死亡
③
明　寄付先　月子

①花子が先に死亡する
②花子の財産は清に移転する
③清は花子の財産の帰属を検討し，明，寄付先，月子への遺贈を検討する

図2 花子がする遺言

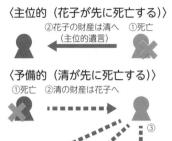

〈主位的（花子が先に死亡する）〉

②花子の財産は清へ ①死亡
←──（主位的遺言）

①花子が先に死亡する
②花子の財産は清に移転する

〈予備的（清が先に死亡する）〉

①死亡 ②清の財産は花子へ

③

明 寄付先 月子

①清が先に死亡する
②清の財産は花子に移転する
③花子は清の財産の帰属を検討し，
　月子，寄付先，明への遺贈を検討する

 5 夫婦間で，将来の寄付や遺贈先を事前に話し合って 決めておくことも

二次相続時に，財産を夫婦別々に帰属先を決めたいのであれば──工夫が必要

　夫婦が交差型（たすき掛け）遺言をしていたところ，例えば夫が妻より先に死亡すると，主位的遺言のとおり，夫の財産は妻に帰属することになります。

　しかし，妻が夫より先に死亡する場合において，夫の予備的遺言により，遺贈寄付先等が決まっている場合を検討してみましょう。

遺贈（寄付）の希望が別々にある場合 （→遺贈（寄付）については case22参照）

　夫婦が，別々に遺贈（寄付）したいところがある場合，例えば，

「二次相続後の財産の2分の1は（夫が希望する）L財団へ，残りの2分の1は（妻が希望する）M法人へ遺贈する」

と定めておけば，夫婦二人が死亡したときの遺産の2分の1ずつをL財団とM法人へ寄付することができます。寄付先は法人等に限らず個人でも構いません。

先に死亡した遺言者の親族に財産を承継させたい場合

遺贈寄付のほかに，二次相続時の財産を先に死亡した遺言者の親族に承継させたいという場合もあります。

例えば，夫側からみて，妻が夫より先に死亡した場合には，「夫が亡妻から相続した財産（残っていたとき）を妻の親族（妻きょうだいや甥，姪など）に譲りたい（与えたい）」，「夫の財産は夫の親族（きょうだい，甥，姪など）に譲りたい（与えたい）」という場合には，夫の予備的遺言の内容を工夫する必要があります。このことは，妻側からみた（夫が先に死亡し，妻が夫の財産を相続する場合）の予備的遺言でも同じです。

参考になる文例は後掲文例5・6のとおりです。

ひと言アドバンス

共同遺言の禁止

夫婦で作る「交差型（たすき掛け）遺言」であっても，一通の遺言で作成することはできません（民法975条）。必ず夫婦別々に作成しましょう。

6 同時相続の場合を別に考えることもある

それから，事故などによって夫婦が同時に亡くなってしまう可能性もゼロではありません（厳密には同一事故による場合でなくても隔地者間での**「同時死亡の推定」**が及ぶ場合も含みます。民法32条の2）。

そのときの交差型（たすき掛け）遺言における予備的遺言として，それぞれ別に遺贈先を規定したいという希望を持つ場合（夫婦）も存在します。つまり，同時死亡の場合には，配偶者に対する相続は考慮せずに（必要なく），自身の持つ財産を配偶者以外の誰（法人なども含）に遺贈又は相続させたいかということを予め決めておくということができます。

🔖 文例—夫婦間の交差型（たすき掛け）遺言

【文例5】　夫婦の間に子どもがなく，予備的遺言は，それぞれの希望する寄付先に遺贈する例（夫の文例）

> 第1条　遺言者（鈴木清）は，その有する不動産，預貯金，金融資産を含む全ての財産を遺言者の妻花子（昭和○年○月○日生）に相続させる。
> 第2条　遺言者は，妻花子が遺言者の死亡以前に死亡した場合には，前条に代えて前条記載の財産を，K大学のL研究所に包括して遺贈（寄付）する。
> 第3条　遺言者は，本遺言の遺言執行者として，第1条の場合には妻花子を，第2条の場合には，大木武（昭和○年○月○日生。住所　東京都○○区○○町1丁目2番3‐405号。職業　弁護士）を指定する。
> 2　遺言者は，前項の遺言執行者に，遺言者の財産について次の権限を付与する。
> 　以下略

【文例6】　夫婦の間に子どもがなく，予備的遺言は，それぞれの希望する寄付先に遺贈する例（妻の文例）

> 第1条　遺言者（鈴木花子）は，その有する不動産，預貯金，金融資産を含む全ての財産を遺言者の夫清（昭和○年○月○日生）に相続させる。
> 第2条　遺言者は，夫清が遺言者の死亡以前に死亡した場合には，前条に代えて前条記載の財産を東京都○○市○○所在の宗教法人Mに包括して遺贈（寄付）する。
> 2　Mは遺言者及び夫清の各十三回忌が終わるまで供養を続け，その後は合葬することを希望する。
> 第3条　遺言者は，本遺言の遺言執行者として，第1条の場合には夫清を，第2条の場合には，大木武（昭和○年○月○日生。住所　東京都○○区○○町1丁目2番3‐405号。職業　弁護士）を指定する。
> 2　遺言者は，前項の遺言執行者に，遺言者の財産について次の権限を付与する。
> 　以下略

【文例7】　夫婦の間に子どもはなく，予備的遺言はそれぞれ自身と配偶者の近親者に相続させ又は遺贈する場合（夫の文例）

第1条　遺言者（鈴木清）は，その所有する不動産，預貯金，金融資産を含む全ての財産を遺言者の妻花子（昭和○年○月○日生）に相続させる。

第2条　遺言者は，妻花子が遺言者の死亡以前に死亡した場合には，前条に代えて前条記載の財産を，次の通り相続させ，または遺贈する。

(1)　不動産（妻花子からの相続分を含む）を後記の遺言執行者をして処分，換価させ，その代金から処分に必要な費用（登記，仲介手数料，税金などを含む）を控除した残余金，及び預貯金，手許現金の合計（換価，処分等に要する手数料等を控除した残金。以下「処分後残金」という）から金300万円（同額より少ない場合には残余金の全額）をK大学のL研究所に遺贈（寄付）する。

(2)　処分後残金から(1)を控除した残余金の中から金100万円（同額より少ない場合には残余金の全額）を東京都○○市△△所在の宗教法人○○に遺贈（寄付）する。○○は遺言者及び妻花子の各十三回忌が終わるまで供養を続け，その後は合葬することを希望する。

(3)　処分後残金から(1)及び(2)を控除した残余金につき，妻花子の姉弟である山本月子（昭和○年○月○日生。○○県○○市○○町1丁目2番地3 -401）及び川口洋平（昭和○年○月○日生。○○県○○市○○町2丁目3番地4）の両名にそれぞれその各4分の1[注1]を遺贈する。[注2] 1円未満の端数が生じた場合には，山本月子に遺贈する。山本月子又は川口洋平が遺言者の死亡以前に死亡したときには，それぞれの法定相続人である直系卑属にその法定相続分に応じて遺贈する。

(4)　処分後残金から(1)及び(2)を控除した残余金のうち2分の1を遺言者の弟鈴木明（昭和○年○月○日生。○○県○○市○○町1丁目2番地3）に相続させる。弟鈴木明が遺言者の死亡以前に死亡したときには，法定相続人である直系卑属に均等に相続させる。

(5)　遺言者は，X証券会社を通じて所有する株式のうち，妻花子から相続した株式を山本月子に遺贈し，その余の株式，預託金，未収配当金などの権利の全てを弟鈴木明に相続させる。

　　遺言者は，前記山本月子も遺言者の死亡以前に死亡している場合には，妻花子から相続した株式を後記の遺言執行者をして処分，換価させ，その代金から処分に要する費用及び税金等を控除した

残余金の全てを前記宗教法人〇〇に遺贈する。

　　遺言者は，前記弟鈴木明も遺言者の死亡以前に死亡している場合には，前記遺贈した残余の株式，預託金，未収配当金などの権利の全てを妻花子の姉山本月子に遺贈する。

　　遺言者は，前記弟鈴木明及び前記山本月子両名も遺言者の死亡以前に死亡している場合には，前記遺贈した残余の株式を後記の遺言執行者をして換価，換金し，その他の預託金，未収配当金から処分に要する費用及び税金等を控除した残余金の全てを前記K大学のL研究所に遺贈する。

(6)　遺言者は，後記遺言執行者に，上記手続を履行するために必要な権限を付与する。

第3条　遺言者は，本遺言の遺言執行者として，第1条の場合には妻花子を，第2条の場合には大木武（昭和〇年〇月〇日生。住所　東京都〇〇区〇〇町1丁目2番3-405号。職業　弁護士）を指定する。

2　遺言者は，前項の遺言執行者に，遺言者の財産について次の権限を付与する。

（以下略）

（注1）　月子及び洋平の二人分を併せて2分の1。

（注2）　遺言者の鈴木清にとって，妻の姉弟は相続人ではありませんので，必ず「遺贈する」と表記しなければなりません。

【文例8】　夫婦の間に子どもはなく，予備的遺言はそれぞれ自身と配偶者の近親者に相続させ又は遺贈する場合（妻の文例）

第1条　遺言者（鈴木花子）は，その所有する不動産，預貯金，金融資産を含む全ての財産を遺言者の夫清（昭和〇年〇月〇日生）に相続させる。

第2条　遺言者は，夫清が遺言者の死亡以前に死亡した場合には，前条に代えて前条記載の財産を，次の通り相続させ，または遺贈する。

(1)　不動産（夫清からの相続分を含む）を後記の遺言執行者をして処分，換価させ，その代金から処分に必要な費用（登記，仲介手数料，税金などををを含む）を控除した残余金，及び預貯金，手許現金の合計（換価，処分等に要する手数料等を控除した残金。以下「処分後残金」という）から金100万円（同額より少ない場合には残余金の全額）を東京都〇〇市△△所在の宗教法人〇〇に遺贈（寄付）する。〇〇は遺言者及び夫清の各十三回忌が終わるまで供養を続け，その後は合葬することを希望する。

⑵ 処分後残金から金300万円（同額より少ない場合には残余金の全額）をK大学のL研究所に遺贈（寄付）する。

⑶ 処分後残金から⑴及び⑵を控除した残余金のうち2分の1を夫清の弟鈴木明（昭和○○年○月○日生。○○県○○市○○町1丁目2番地3）に遺贈する。[注1] 鈴木明が遺言者の死亡以前に死亡したときには，鈴木明の法定相続人である直系卑属に均等に遺贈する。[注2]

⑷ 遺言者は，X証券会社を通じて所有する株式のうち，夫清から相続した株式を鈴木明に遺贈し，[注3] その余の株式，預託金，未収配当金などの権利の全てを遺言者の姉山本月子（昭和○年○月○日生。○○県○○市○○町1丁目2番地3-401）及び遺言者の弟川口洋平（昭和○年○月○日生。○○県○○市○○町2丁目3番地4）の両名に各2分の1宛相続させる。[注4]

⑸ 処分後残金から⑴及び⑵を控除した残余金につき，前記山本月子及び川口洋平にそれぞれ4分の1[注5] を相続させる。[注6]

⑹ 遺言者は，後記遺言執行者に，上記手続を履行するために必要な権限を付与する。

第3条 遺言者は，本遺言の遺言執行者として，第1条の場合には夫清を，第2条の場合には遺言者の知人中村裕一（昭和○年○月○日生。住所 東京都○○市○○町2丁目3番4-506号。職業○○○）を指定する。

2 遺言者は，前項の遺言執行者に，遺言者の財産について次の権限を付与する。

（以下略）

（注1） 花子にとって夫の弟（明）は相続人ではありませんので，必ず「遺贈する」と書く必要があります。
（注2） これも同じ理由から「遺贈する」と書く必要があります。
（注3） この配分は夫の遺言と異なります。
（注4） 同上。
（注5） 二人併せて2分の1。
（注6） 妻花子にとっては，姉弟（月子，洋平）は相続人です。

**失敗しないための
ポイント**

　交差型（たすき掛け）遺言では，次の点に留意しましょう。
●夫婦どちらの財産かを区別する
　先に亡くなった配偶者（亡夫）から相続した財産と，妻が所有している財産とを分けて，それぞれの帰属先に遺贈又は相続させたいのであれば，その区別を明確にしなければなりません。
●不動産，株などの場合
　不動産であれば，以前誰が所有していたかということは登記によって明らかになりますので，例えば，「亡夫から相続した不動産」という記載内容でも，遺贈する不動産を明確にできます。
　株なども元の所有株主が明らかにできますので，「亡夫から相続したＸ株式会社の株式」「亡夫から相続し，Ｙ証券会社を通じて保有している上場株式」といった表現でも，妻がもともと所有していた株式と区別ができます。
●死亡した人の預貯金を別口座で管理する場合
　配慮が必要となるのは，預貯金や口座です。基本的には，夫の死亡後は夫の預貯金は解約，払い戻し（換金）され，妻の預貯金などと一緒になってしまいます。亡夫から相続した預貯金を，妻の預貯金と区別して，別の銀行口座に入金しておけば，その口座の預金の残額を亡夫の親族に遺贈するという遺言をすることができます。
●死亡した人の預貯金を同じ口座で管理する場合
　被相続人の預貯金を同じ口座で保管する場合でそれぞれ承継先を考えているときには，割合や金額を指定することなどにより，それぞれの承継先を決める必要があります。
　例えば，「Ａ銀行の普通預金のうち○分の1（○○○万円）を妻（遺言者）のきょうだいに均等に相続させ，残余を亡夫のきょうだいに均等に遺贈する」という遺言内容が考えられます。

epilogue　　　夫婦で作成する「交差型（たすき掛け）遺言」では，主位的遺言（配偶者に全財産を相続させる）だけではなく，予備的遺言も作成しておくと，もしも配偶者が先に死亡したときにも書換えの必要がなくなり，また二次相続後のことも決めておけますので安心感が増します。したがって，予備的遺言も検討し，一緒に作成しておきましょう。

　予備的遺言の中で，夫婦別々に財産を譲る（与える）先を決めておく（おきたい），といってもそれは夫婦が納得した上でのことです。

　交差型（たすき掛け）遺言の第一義的な趣旨は，先に死亡した人が生存配偶者に全財産を譲る（与える）ということですから，配偶者がその趣旨にしたがって，その相続した財産を全て使い果たしてしまったとしても，それは問題がありません。

　予備的遺言は，生存配偶者が，二次相続後に財産を遺した場合に，それを誰にどのように譲りたいか（与えたいか）を予め決めておく内容です。

配偶者居住権の遺贈（配偶者が自宅に住み続ける権利を確保するための遺言）

 prologue　高齢の配偶者の多くは，住み慣れた居住環境での生活を継続するために居住権を確保しつつ，その後の生活資金としてそれ以外の財産についても一定程度確保したいという希望を持つことが多いようです。そこで，高齢の配偶者に現在居住している建物の使用収益権を確保しながら，遺産分割の際に，配偶者が住み慣れた居住建物の居住権を確保することができる制度が創設されました。これを配偶者居住権といいます。被相続人（先に亡くなる配偶者の一方）は，自分の死後に生存配偶者の居住環境を確保するために，配偶者居住権を遺贈するという遺言を作成することができます。

ハナコとたけしの会話──配偶者居住権の確保と相続

職場の友人から，妻が相続後も自宅（居住している建物）に住めるようにできる遺言を作成できないかという相談があったの。妻に自宅を相続させる以外にも配偶者居住権という制度が使えると聞いたんだけど，それってどんな内容なの？

配偶者居住権は，配偶者に，居住している建物の使用収益の権限のみを認めるもので，遺産分割の際に，居住建物の所有権を取得する場合よりも低廉な価額で住み慣れた居住建物の居住権を確保することができるというものだよ。
被相続人は，「遺贈」によって配偶者に配偶者居住権を取得させる必要があるんだ（民法1028条1項本文）。

配偶者に配偶者居住権を遺贈し，他の第三者（例えば友人）に配偶者居住権が付いた居住建物（自宅）やその土地の所有権を遺贈するという遺言を作成することはできるの？

居住建物（自宅）の所有権を取得させる相手は相続人に限られるわけではないので，相続人以外の第三者（友人など）に遺贈することができるよ。遺言の内容として，（配偶者居住権がある）負担付の所有権を取得させるということになるのかな。

 逆に，居住建物に配偶者居住権が認められない場合はあるの？

自宅建物が配偶者以外の者との共有になっている場合は，配偶者居住権は成立しないよ。

解　説

> 配偶者居住権を取得するためには，被相続人の意思が関わるものとしては，遺贈と死因贈与の2つの場合があります。遺贈・死因贈与によれば，配偶者に配偶者居住権を取得させたいとの被相続人の意思は実現できます。また，遺産分割も取得原因となります。

1 配偶者居住権

　配偶者居住権は，相続開始の時に，被相続人の財産に属した建物に居住していた配偶者にその居住建物の「全部」について無償で「使用及び収益」をする権限を認めることによって，配偶者が居住権を長期的に確保することができるようにする制度です（民法1028条1項）。

　配偶者は，先に亡くなった配偶者から居住建物についての配偶者居住権を取得した上で，それ以外の遺産も，自己の具体的相続分（例えば2分の1等）から配偶者居住権の財産評価額を控除した残額の財産を相続することができます。また，控除しないことも可能です（後記のコラム「持戻しの免除」を参照してください。）。

2 配偶者居住権が成立するための要件

　配偶者に配偶者居住権を取得させるための法律行為は，法律に定められた遺産分割，遺贈又は死因贈与に限定されています。そしてその取得要件としては，次の3つが挙げられます。

> ①　配偶者が，相続開始の時に，遺産である建物（建物持分を含む。）に居住していたこと
> ②　当該建物が，被相続人の単独所有あるいは配偶者と2人の共有にかかるものであること
> ③　当該建物について，配偶者に配偶者居住権を取得させる旨の遺産分割，遺贈又は死因贈与がされたこと

この 3 要件を満たさないと，配偶者居住権を取得することはできませんので，注意が必要です。

 ## 3 配偶者居住権を遺言で書く場合に検討すべき点

推定相続人間の関係の検討

　誰に配偶者が居住する建物の所有権を「取得」させるのかを考えましょう。それはその取得者が居住用建物の貸主になることを意味します。配偶者との関係が円満でないと後で揉めることになる可能性があります。

配偶者は何年くらい現在の建物に住みたいか，住む可能性があるのか（居住年数）の検討

　もし，短期間で転居する予定であれば，一時的な賃借権（賃料を支払う有償の場合）や使用借権（無償の場合）を取得するという選択もあり得ます。

配偶者居住権を設定しない方法の検討

　遺産分割手続において，配偶者を含めた相続人全員が，配偶者の居住建物を共有するものとし，配偶者を除く相続人が配偶者に対し当該建物につき賃貸借契約や使用貸借契約を締結して居住を継続するという方法が検討されることがあります。しかし，配偶者が他の相続人との間で賃貸借契約や使用貸借契約を締結すること自体が難しいこともあり，その場合，調停手続は難航します。したがって，配偶者居住権は，遺贈により取得させる方法が最も被相続人の意思を反映できるもので有用であることになります。

　もっとも，配偶者の居住建物における居住権の確保を含めた配偶者をより保護する方法（守るための方法）としては，配偶者に全遺産を相続させる，または，配偶者生存中における遺産分割を凍結することが考えられます。これは，遺産分割実務においてよく採用される方法です。

ひと言アドバンス

「配偶者に対して配偶者居住権を相続させる」という遺言内容だった場合──特定財産承継遺言によっても配偶者居住権を取得できるか

　遺言によって配偶者に配偶者居住権を取得させるためには，「遺贈」によることが必要とされています（民法1028条1項本文）。

　なぜ「遺贈」でなければならないかといえば，配偶者居住権を希望しない場合には，遺贈の放棄によって配偶者居住権のみ取得しないという選択ができることにあります（民法986条参照）。一般的な「相続させる」という遺言では，配偶者が配偶者居住権の取得を希望しない場合に，配偶者居住権だけ相続放棄をすることはできませんので，全体的な「相続放棄」をする必要があるからです。

　もっとも，被相続人が，配偶者居住権を「遺贈する」と書かずに，「相続させる」と記載した場合（特定財産承継遺言）でも，配偶者（妻）が，他の財産とともに配偶者居住権の取得を希望する場合においては，遺言者（夫）の合理的意思を探求して，遺言全体の内容をみて遺贈と解すべき特段の事情があるものとして，配偶者居住権の遺贈があったと解釈できると解されています。

4 配偶者居住権の登記

　配偶者居住権は建物について登記をすることができますが，その設定の登記の申請においては，**「遺贈」が登記原因**となります。

　もちろん，登記をしなくても権利として認められますが，第三者（建物の所有権取得者など）との関係では登記があると安心です。

　これは建物の所有者と配偶者との共同申請手続となります。もし，建物の所有者が協力してくれない場合には，建物の所有者（相続人）に対して裁判手続を行う必要が出てきます。ただし，遺言執行者がいれば，他の相続財産と同じように，遺言執行者が単独で登記手続を行うことができます。

文例─配偶者居住権の遺贈

【文例 9】　配偶者居住権の遺贈

> 第 1 条　遺言者（鈴木清）は，自宅（である目録記載の建物）の配偶
> 者居住権を，遺言者の妻花子（昭和○○年○月○日生）に遺贈する。
> 2　前項の配偶者居住権の存続期間は，妻花子の死亡のときまでとす
> る。
> 第 2 条　遺言者は，自宅不動産（土地及び建物）を前条の負担付きに
> て長男鈴木太郎（昭和○年○月○日生）に相続させる。
> 第 3 条　遺言者は，第 1 条の配偶者居住権に関する遺言執行者として
> 妻花子を指定し，同権利に関する登記手続など第 1 条の遺言を執行
> させるための権限を与える。

【文例10】　配偶者居住権の遺贈と持戻し免除

> 第○条　遺言者は，第 1 条にて妻花子に自宅建物の配偶者居住権を遺
> 贈したが，これは妻が遺言者と協力して自宅不動産を購入したこと，
> そのローンも妻（花子）が会社勤務を続ける中で得た給与の中から
> も返済したこと，遺言者の死亡後も妻が自宅建物内で安心して生活
> できることを保障するためのものであることから，民法903条 1 項
> で規定する相続財産の算定に当たっては，上記遺贈による配偶者居
> 住権の価値は，相続財産の価額に加えないとの意思表示をする。

失敗しないための ポイント

☑　配偶者居住権も相続後に建物に登記をしておけば，その建物が
第三者に贈与や売却された場合であっても，対抗することができ
る（優先される）ので安心です。遺言執行者（遺贈される配偶者でよ
い）がいれば，相続人の協力（同意）がなくても登記ができます
ので，その指定も遺言に記載しておくと，さらに安心です。

☑　配偶者居住権を遺贈することによる配偶者の相続分の目減りを
防ぎたいと考えるのであれば，民法903条 3 項の持戻し免除の意
思表示をすることも解決策となります。

epilogue　配偶者居住権を相続させる一方，自宅建物を別の相続人又は第三者に取得させることもできます。しかし，自宅建物の取得者は，自宅建物の貸主となりますので，配偶者のことを考慮してくれる推定相続人（例　子ども）など配偶者との人間関係が円満な人に取得させることが望ましいでしょう。人間関係が円満でないと配偶者との間で揉めてしまい，配偶者が安心して自宅内で余生を過ごすことができなくなってしまうこともあります。

column　配偶者に対する居住用不動産・配偶者居住権の遺贈・贈与に関する持戻し免除の推定規定

　婚姻期間の長くなった高齢の夫婦の一方が他方に対して居住用不動産の贈与等をする場合には，通常それまでの長年の貢献に報いるとともに，その高齢になった後の生活を保障する趣旨で行われるという事情があります。

　民法は，この事情を考慮し，配偶者の生活保障をより厚くするものとして，婚姻期間が20年以上の夫婦の一方が他の一方に対して居住用不動産の贈与等をした場合には，持戻し免除の意思表示があったものと推定する規定を設けました（民法903条4項）。この規定により，配偶者は，配偶者居住権とは別に相続による遺産を取得できることになり，事実上取得分を増やすことができます。

　また，婚姻期間が20年以上の夫婦間で，配偶者居住権が遺贈された場合も，その特別受益について，持戻し免除の意思表示があったものと推定されるものとしました（民法1028条3項，903条4項準用）。

　もっとも，配偶者の生活保障を確保することを希望する場合には遺言に配偶者居住権の遺贈と合わせて持戻し免除の意思を表示しておけば，推定によらずに認定できますので，安心が増し，後の紛争を防止できます。

case 4 　熟年離婚と遺言──配偶者に対し特定財産承継遺言を作成後に離婚した場合

prologue　　熟年夫婦においては，子育てが終わり，定年退職等による生活環境の変化等を契機として，余生の在り方や過ごし方を考えた結果，それぞれ別な人生を歩むために離婚を選択することがあり得ます。子育てが終わるまで「離婚を我慢していた」という人もいるでしょう。

　問題となるのは，たとえば，夫が離婚前に，妻に対し，特定の財産を相続させる旨の遺言を作成していたものの，その後に離婚した場合です。

　妻は，離婚により，遺言の効力発生時において相続人の地位にはないため，「妻に相続させる」という内容の遺言は，その効力はないという考え方があります。しかし，夫が（元）妻の長年の貢献を考慮した上で財産を承継させたいという意思を離婚後も持ち続けているのであれば，「遺贈」と解釈して，財産を取得させることを認めるということも可能であると思われます。

　では，離婚後にも離婚前に作成した遺言を変更しなかった場合に，離婚した配偶者は元の配偶者の死亡により財産を取得できるかを考えてみましょう。

🕊 ハナコとたけしの会話 ── 離婚と相続

夫が妻に対し特定財産承継遺言（相続させる旨の遺言）を作成したけど，その後に夫婦が離婚してしまった場合，どのような問題が起きるの？

離婚する前に作成した遺言に「遺言者の妻に○○の不動産を相続させる」と書いてあると，離婚してしまうと，遺言の効力発生時には配偶者は相続人の資格がなくなってしまう問題が生じるよ。

もしも離婚後に，遺言の書換えや取消しをしないで，相続が開始しちゃったら，その相続させるという遺言の効力はどうなってしまうの？

難しい質問だなぁ。離婚した以上，相続人ではないとして，相続させる旨の遺言の効力を認めないという考え方もあるけれど，遺言の記載から，遺贈と解すべき特段の事情があると考えることもできる場合もあるよ。

解 説

 1 離婚と遺言 ── 特定財産承継遺言の相手が相続人でなくなった 場合

　夫婦の離婚により，妻は夫（被相続人）の相続人ではなくなりますが，離婚前に夫が**「妻に特定の財産（例えば，自宅不動産）を相続させる」**との内容の遺言を書いた後に離婚し，その遺言が書き換えられず（病気などで書換えができないときもあります。）にそのままでいたところ，元夫が亡くなった場合，その遺言の中にある**「(元)妻へ特定財産を相続させる」**という遺言がどのような効力を持つか（離婚した妻は，元夫から自宅不動産をもらうことができるか？）という問題が生じます。

 2 離婚と遺言者の意思

遺言者が離婚前に妻（夫）に遺産を渡したい場合における遺言の解釈

　遺言者（ここでは夫を例とします。）が妻への特定財産承継遺言をした場合，夫の意思は，離婚前においては，当該遺産を妻に，与える（譲る）趣旨であると解するのが合理的な意思解釈といえます。

離婚話が具体化している場合における遺言の解釈

　遺言者（夫）が遺言を作成する時に，離婚話が具体化していたのであれば「妻に特定財産を相続させる」との遺言を書いておく場合には，離婚も前提とした内容であると解釈できます。夫婦関係によりますが，離婚前であっても妻に対し，長年の貢献等の事情を配慮した上で，離婚する・しないに関わらず特定の遺産を承継させようとする遺言者の意思が明らかな場合があると思われます。その場合，遺言者の合理的意思，遺言全体の内容から判断して特段の事情があるとして，遺贈があったと解釈するのが相当な場合もあります。もっとも，離婚したときに妻に十分な財産分与が行われたどうかによっても解釈が変わる可能性があります。

　また，配偶者に取得させる財産の性質や価値（住宅ローンが残ってい

名義変更が困難なときなど）によって事情が異なることもあります。まずは離婚するときにどのような話合いが行われたかが重要な鍵となります。

財産分与に伴う不動産譲渡所得税の問題

　財産の価格により事情が変わる例の一つが，離婚時に不動産を分与すると，**分与者（夫）の方に不動産譲渡所得税がかかる**場合です。この譲渡所得税は相続税負担より高いことが多くあります。そこで，税負担のことも考慮して，離婚時には財産分与をしないが，元夫の相続時に元妻に対し不動産を遺贈するという方法を選択したと解釈される場合があります。これは熟年（高齢者）離婚に見られる傾向の一つです。

ひと言アドバンス

譲渡取得税の負担

　財産分与する不動産が，購入時より高額になっていて利益があると見込まれると，売買と同じように「利益が出た」との扱いを受けることになります。そのため，財産分与者（夫）からすると売買の場合と異なり，代金の取得がないのに譲渡所得税は支払わなければならないこととなり，その税負担をめぐって離婚で揉めてしまうことがあります。

🌳 3 熟年離婚することを考慮した遺言の作成

離婚しても同等の分与を検討している場合

　もし遺言者（夫）が離婚する・しないにかかわらず配偶者（妻）に特定の財産を相続させる（離婚しないとき）か，遺贈したい（離婚したとき）と願うのであれば，遺言の記載にも注意しておくことが必要です。

　実務では，信託銀行などの金融機関の多くが用いる遺言の定型文例では**「取得させる」**という表現が用いられることがあります。

　それは，相続人以外の者には遺贈するものであり，一方で相続人には相続させるという二つの意味を併せ持つ表現であると解することができ

第1　夫婦間の遺言

ます。

　そのため，「取得させる」と書いておくと離婚して配偶者としての地位ではなくなったとしても，「遺贈する」と解釈して元の配偶者が財産を取得できることになります。

ひと言アドバンス

「取得させる」の注意点

　遺言においては，「相続させる」「遺贈する」という用語を使うことが一般的ですが，「取得させる」との用語は「相続させる」と「遺贈」するとを兼用した意味で用いられます。たしかに，財産を譲る（与える）相手が相続人であるか，相続人以外の者であるかを区別することなく「取得させる」と表記できるので，遺言の表現も簡潔になりますし，便利な面があります。そればかりか，相手方の地位が変更する場合（相続人以外→相続人）でも，遺言を書き換える必要がなくなります。離婚した夫婦間の遺言で「取得させる」を用いると，離婚しなければ「相続させる」，離婚した場合には「遺贈する」との遺言者の意思を明らかにすることができます。

　離婚する（相続人ではなくなる）場合には遺贈する考えであれば，「取得させる」という用語を用いることはやめましょう。

離婚後の配偶者に財産を遺贈する場合の記載方法

　配偶者については，「遺言者の妻である鈴木花子（氏名）」と記載しない方がよいでしょう。

　そのような記載をしてしまうと，「遺言者の妻」が相続人としての資格であるのか（もし，それが財産を取得するための資格であれば，離婚後は相続できないことになります），単なる「鈴木花子」の遺言作成時の地位（遺言者との関係）と表記したのか，はっきりしない可能性があるからです。

　したがって，**「鈴木花子（昭和○○年○○月○○日生）に○○の財産を取得させる」**と名前と生年月日だけの記載に留めるのがよいと思われます。

　なお，離婚によって姓が変わることがありますが，それは別項の「遺

言の書換え」（case 32）にも記載したとおり，姓が変わってもその（変更）先後の同一性が公的書類により証明できますので，遺言の書換えは必要ありません。

ひと言アドバンス

遺言者が「所有する」と「有する」との違い

　遺言でよく用いられる用語ですが，遺言者が「所有する」全ての財産と，遺言者が「有する」全ての資産は，意味が違うことをご存知でしょうか。

　「所有する」という場合，財産や権利など積極的な資産（プラス）を対象とし，債務などマイナスの資産を指しません（「債務を負担する」とは言いますが「債務を所有する」とは言わないでしょう）。

　他方「有する」という場合は，債務を負担するという意味にも用いられ，プラスの資産だけではなくマイナスの資産も含むと考えられます。

　「所有する」「有する」の用語は，包括遺贈及び法定相続の場合の「包括承継」と，特定遺贈の場合の「特定承継」において使い分けられています（民法964条）。

　包括遺贈には債務（マイナスの資産）が含まれるのに対し，特定遺贈ではプラスの資産だけであり，債務は含まないという違いがあります。したがって，遺言の中で「特定遺贈する」場合には「遺言者が所有する資産」と表記するのが正しいのですが，「包括遺贈する」場合には「遺言者が有する資産」と表現することが，正しい表記となります。つまり，包括遺贈の場合には，必ず「有する資産（「債務，費用を含む」と書いておけば誤解が防げます）」と使い，特定遺贈の場合には「所有する○○の資産（例　不動産や預貯金など）」と書くことが正確な用語となります。

離婚時に十分な財産分与を行っている場合

　相続時（離婚後）には財産を取得させるつもりがない場合には，離婚前に作成した遺言を変更・取消ししておくべきでしょう（後項のcase 32「遺言の書換え」も参考にしてください）。

文例—離婚を念頭に置いた遺言

【文例11】　離婚するしないに関わらず配偶者に財産を残す場合①

> 第○条　遺言者（鈴木清）は，遺言者がその相続開始の時に所有する甲不動産を鈴木花子（昭和○年○月○日生。遺言作成時の住所　○○県○○市○○町1丁目23番45号＝遺言者に同じ）に取得させる。
> 　なお，「取得させる」とは，相続人には相続させる，相続人以外には「遺贈する」とを兼用することを意味する。

【文例12】　離婚するしないに関わらず配偶者に財産を残す場合②

> 第○条　遺言者（鈴木清）は，遺言者がその相続開始の時に所有する甲不動産を遺言者の妻鈴木花子（昭和○年○月○日生。遺言作成時の住所　○○県○○市○○町1丁目23番45号＝遺言者に同じ）に相続させる。
> 　なお，遺言者が相続開始より前に鈴木花子と離婚した場合には，上記を甲不動産を元妻花子に相続させるを「遺贈する」と読み替えるものとする。

【文例13】　付言の例（離婚するしないに関わらず配偶者に財産を残す場合）

> 　付言
> 　遺言者（鈴木清）は，妻花子（昭和○年○月○日生）と結婚以来，長年にわたり精神面，経済面にわたり数々の世話を受け，負担をかけてきたので，本遺言作成時には花子と別居状態にあり，相続開始の時までに離婚する可能性もありますが，たとえ離婚をしても世話になった花子には自宅である甲不動産を取得させるつもりです。そのことを子どもたちは理解してください。

【文例14】　離婚した場合には相続させない場合

第○条　遺言者（鈴木清）は，遺言者がその相続開始の時に所有する甲不動産を遺言者の妻鈴木花子（昭和○年○月○日生。遺言作成時の住所　○○県○○市○○町1丁目23番45号）に相続させる。^(注)

なお，遺言者が相続開始前に妻花子と離婚した場合には，花子には甲不動産を取得させないことを念のため付言する。

(注)「取得させる」と書かない方がよいでしょう。

【文例15】　付言の例（離婚した場合には相続させない場合）

付言

遺言者は，現在妻花子と別居中であり，離婚に向けた協議も続いています。

そのため，遺言者は近い将来花子と離婚することが予想されます。

ただし，遺言者は現在病気療養中のため，離婚が成立する前に死亡することも予想されますので，本遺言を作成し花子に甲不動産を相続させることにしました。

なお，遺言者が花子と離婚するときには花子には金銭にて十分な財産分与を行うつもりですので，そのときには甲不動産を花子に取得させる必要はありません。

付言ではそのことを明らかにしておきます。

失敗しないためのポイント

☑　肩書にも注意

名前の前に「遺言者の妻（夫）」という肩書きをつける場合が多いと言えます。これは，遺言者との関係を明示して，人違い（同姓同名の別の人と取り違えないため）を防ぐ意味と，そのような関係にあるから相続させるのだという遺言者の動機が表されることになります。ただし，遺言者の妻（夫）だから相続させるのか，または遺言作成時の地位（肩書き）として「遺言者の妻（夫）」と記載したのか区別できないことがありますので，離婚後も財産を

遺贈するつもりであれば,「遺言者の妻(夫)」と書かずに,名前や生年月日だけの記載にした方がよいでしょう。文例11を参考にしてください。

☑　遺言への付言

　　遺言者の意思が考慮されますので,離婚という事態が生じたとしても特定の財産を取得させたいとする意思を表明することが重要となります。その意思を付言することが有用です。

ひと言アドバンス

　本ケースでは,配偶者に対し特定財産承継遺言を作成した後に離婚した場合を取り上げましたが,同様のことは養子の場合(養子に対して特定財産承継をした後に,その養子と離縁した場合)にも同じことが生じ得ます。ただし,配偶者の場合と異なり,養子の場合には離縁した後にも特定財産承継を維持したい(離縁した養子に特定財産を残したい)とする例(遺言者)は,あまりないと思われます。

epilogue

　名前と生年月日を記載して「特定の財産を取得させる」との遺言書を作成すれば,離婚の有無にかかわらず相手に対し特定財産を取得させることができることになります。

　離婚時に十分な財産分与が行われているか否かを問わず,遺言に元妻の長年の貢献を考慮した上で財産を承継させたいという意思が記載されていると,遺言者の意思解釈として,離婚しても遺贈として有効だって考えることができます。

case 5　外国人パートナーの遺言・相続

 　政府（内閣府男女共同参画局）の調査では「夫妻の一方が外国人である婚姻件数及び全婚姻件数に占める構成割合は，2006年の4.5万件，6.1％をピークに減少し，近年では約2万件，約3.5％程度で推移している」と公表されています。

　すなわち，些か減少したとはいえ，結婚する30組の1組はパートナーが外国人であるということになります。これは，1980年代では1％台であったことと比較すれば増えています。そのため，外国人の相続も身近な問題となりつつあります。

🖐 ハナコとたけしの会話 ── 外国人との国際結婚

 最近外国人と結婚する人が増えているみたいね。

政府の調査では，年間2万組以上が国際パートナーだし，そのうち3分の2は夫が日本人，妻が外国人の組合せとなっているんだよ。

 国際パートナーだと将来相続のことでは困らないの？

外国といっても，日本と同じような法制度のところもあれば，違うところもあるから注意が必要だね。

🖐 解　説

外国人の相続に関しては，相続統一主義（日，韓，台湾，独伊など）と相続分割主義（米英，仏，中など）との2つの主義があるので，パートナーが外国人の場合には，どちらの主義の国かを確認しておきましょう。

1 相続に関する2つの考え方（主義）

国境をまたぐ相続に関しては，大きく2つの考え方（主義）があります。

相続統一主義

相続統一主義とは，財産が動産（預金，株式，現金，自動車など）か不動産（土地，建物など）かを問わずに，相続に関する準拠法を被相続人（財産を所有している亡くなられた人）の本国法や住所地の法律に従い，統一的に処理しようとする考え方です。日本，韓国，台湾，ドイツ，イタリアなどが採用しています。

相続分割主義

相続分割主義とは，相続に関する準拠法を，動産と不動産に分けて，動産については被相続人の本国法や住所地法を準拠法とし，不動産はその所在地の法律を準拠法とする考え方です。アメリカ，イギリスなどの英米法が適用される国，フランス，中国などが採用しています。

留意点

相続統一主義をとる国（例 日本）の相続であっても，所有不動産が海外にある場合には，その不動産がある国の法制（例 相続分割主義を採用）に従わざるを得ないことがあるので注意が必要です。

また，アメリカのように州によって法制度が異なる場合には，法の適用に関する通則法（以下「通則法」という。）38条3項（当事者が地域により法を異にする国の国籍を有する場合には，その国の規則に従い指定される法（そのような規則がない場合にあっては，当事者に最も密接な関係がある地域の法）を当事者の本国法とする）により，基本的には常居住地の州法が適用されます。

2 パートナーが日本と同じ相続統一主義の国籍の場合

日本人と外国人のパートナーの場合，日本人は，上記の通り相続統一

主義ですので，相続には日本法が適用されますし，外国人にはその本国
法が適用されます（通則法36条）。その国が日本と同じ相続統一主義の国
（韓国，台湾，ドイツなど）であれば，その国の法律が適用されます。し
たがって，外国人が日本国内に所有している不動産にも動産にも，その
相続にはその所有者の本国法が適用されることになります。

　外国人が遺言を作成する場合にも，「遺言の方式の準拠法に関する法
律」（以下，「準拠法」という。）が適用されますので，同法の定めるいず
れかの方式に従った遺言の作成が必要になります。換言すれば，準拠法
2条のいずれかの方式を満たせば有効として取り扱われるということを
意味します。海外にある動産や株などについても，被相続人の本国法が
適用され，外国人の資産には日本法が適用されないことになります。

3 パートナーが相続分割主義の国籍の場合

　パートナーが外国人であり，その本国法が相続分割主義を採用してい
る場合（アメリカ，イギリスなどの英米法が適用される国，フランス，中国な
ど）には注意が必要となります。

　パートナー（外国人）が日本国内に不動産を所有している場合，相続
分割主義によれば，その本国法では不動産の所在地，すなわち日本法が
適用されることになります。

　このように本国法により日本法が適用される関係を，法律上「反致」
と称しています（通則法41条）。したがって，相続分割主義が適用される
国の外国人であれば，その所有する日本国内の不動産は日本法に基づい
て相続が行われますし，海外にある不動産はその所在する国の法律に基
づいて相続が行われることになります。

　一方，動産（株式等も）は外国人の本国法（住所地法のこともある）が適
用されますので，日本国内，海外にある動産は，いずれも被相続人が外
国人であれば，その本国法か住所地法が適用されます。日本に居住する
外国人であって，住所地法の適用を受けるのであれば，日本法によるこ
とになります。

4 遺言の方式について

　遺言の方式に関して，準拠法２条では，①行為地法，②遺言者が遺言の成立又は死亡の当時国籍を有した国の法，③遺言者が遺言の成立又は死亡の当時住所を有した地の法，④遺言者が遺言の成立又は死亡の当時常居所を有した地の法，⑤不動産に関する遺言について，その不動産の所在地法，のいずれかに適合すればよいとして，できるだけ広範に遺言を有効にしようとしています。したがって，パートナーが日本にいる場合には，①行為地法に基づいて日本法に従った遺言の作成が可能ですし，②の国籍地法に基づいた遺言も可能となります。

　一例を挙げますと，別表（60頁）の通り，韓国では録音録画による遺言が認められていますが，日本の現行法制では認められていません。しかし，在日韓国人が日本で録音や録画による遺言を遺していたとすれば，それは韓国法に基づいて有効になる可能性があります。ただし韓国法に従って，相続開始後に遅滞なく検認手続を受ける必要があります（注日本の家庭裁判所でも検認手続を受けられます。）。

　同じように，日本にいるアメリカ人がタイプ打ちした英文による遺言を作成していたとしても，それはアメリカ法に基づく要件を満たせば「自筆証書」として有効になる可能性があります。

5 相続関係書類の入手

　日本人であれば，基本的に整備された戸籍制度がありますので，その相続人を確定する作業は多少時間や費用がかかっても必要書類を入手できますし，確定することが可能です。

　ただし，外国人の場合には日本のような戸籍制度があることはむしろ少ないと言ってもよいかもしれません。

　そのため被相続人の相続人を確定するために必要となる書類の収集が大変な手間になることを理解しておくべきでしょう。その手間を減らすためには，遺言の作成が有効な手段となります。

　以下，主な国別の相続関係書類の入手について説明します。

韓国人の場合

　被相続人が韓国籍の場合は，被相続人に関しては韓国の除籍謄本と，家族関係登録簿に基づいて発行される基本事項証明書と家族関係証明書，婚姻関係証明書などが必要です。

　在日韓国人であれば，死亡まで日本に居住していたことを証明するため住民票の除票が必要となります。

　相続人に関しては，韓国籍の相続人については基本事項証明書と家族関係証明書，日本に帰化している相続人であれば，国籍喪失（帰化）が記載された韓国の戸籍^(注)（除籍謄本や基本事項証明書）と帰化の記載のある日本の戸籍と現在の戸籍などが必要となります。

（注）　韓国では2008年1月から従前の戸籍制度から家族関係登録制度に移行しています。

中国人の場合

　相続人を確定するためには，中国国内の公証処（日本の公証役場に相当）の公証人が作成する公証書が必要です。

　公証書の内容として，父母の氏名，本人の生年月日，続柄，出生地等の情報，本人が日本の配偶者と婚姻するまで独身であったこと，他に相続人がいないことなどを証明することが盛り込まれていなければなりません。

　死亡証明書は，中国大使館で発行する死亡証明書や死亡の記載がある外国人登録原票の写し，病院の死亡診断書が必要とされます。

アメリカ人の場合

　アメリカには，戸籍制度がありませんので，日本法に基づいて，その相続人全員から，その他に相続人は存在しないなど相続関係を説明する内容の宣誓供述書を作成し，公証人（アメリカであれば，Notary Public）の認証を受けることにより，相続人の範囲を明らかにする必要があります。それ以外に，相続を証明する書面としては，被相続人の出生証明書・死亡証明書，その婚姻関係を証明するための婚姻証明書などが必要になります。

留意点

　いずれも，日本で手続をするためには，外国文を日本語に翻訳した訳文が必要になります。

6 日本と韓中米の遺言

　日韓中米の各国の比較をまとめてみました。また，遺留分の適用も付記しましたので，参考にしてください。

【参考】　各国の遺言制度

		日　本	韓　国	中　国	アメリカ
通常の遺言	公正証書	☆[※1]	☆	○	○[※2]
	自筆証書	○	○	○	○
	印刷（印字）による	×（目録など一部のみ）	×	○	△（一部の州では全文自筆が必要）
	録音（録画）	×	☆	☆	△（一部の州）で認証遺言[※3]として認める
	その他	秘密証書★	秘密証書★	代筆証書☆	認証遺言☆[※4]
その他，特別な遺言		危急時遺言など☆	口授証書☆	口頭証書☆	自己証明
遺留分	配偶者	○	○	×例外的なものはある	×一部の州では遺留分的なものを認める[※5]
	直系卑属	○	○		
	直系尊属	○	○		×
	兄弟姉妹	×	○		

☆　　証人の立合いが必要
★　　遺言者が封印した証書を証人の面前に提出し，自己の遺言であることなど一定の事項を表明する
※1　日本でも令和7年から電子署名やテレビ会議システムによる公正証書遺言が導入される予定
※2　UPCが2008年〜導入。証人の立合いは必須ではない
※3　コロナ禍でニューヨーク州などでは，ビデオ等の電子媒体による公証や証人署名が応急的に認められる
※4　書面の作成，遺言者の署名，証人による証言により作成
※5　家産（Homestead），家族手当（family allowance），生存配偶者の選択的相続分などが遺留分の機能を果たす

✎ 文例—外国人パートナーの遺言

【文例16】 アメリカ人の夫が妻（日本人）と子（アメリカ国籍）に財産を相続させる遺言の例（日本語で作成する）

> **第1条**　遺言者は，遺言者の妻　佐藤・ロイヤル・桜子（1987年1月2日生）に日本国内に所有する不動産，預貯金などの財産を相続させる。
> **第2条**　遺言者は，前条の遺言執行者として前記の佐藤・ロイヤル・桜子を指定し，不動産相続登記を含めて遺言を執行するために必要となる一切の権限を同人に付与する。
> **第3条**　遺言者は，遺言者の長男Devid S. Royal（2010年3月4日生）にアメリカ合衆国ハワイ州に所有する不動産およびアメリカ合衆国内の金融資産の全てを相続させる。
> **第4条**　遺言者は，相続の準拠法として遺言者の常居住地法である日本法を指定する。[注]

（注）　文例16では，遺言者の国籍がアメリカであるので，法の適用通則法36条により，被相続人の本国法，すなわち被相続人の本国法であるアメリカの州法が適用されることになります。
　　　一方，ハワイ州にある預貯金についてはアメリカ法（ハワイ州法）が適用されることになりますが，ハワイ州法では日本に常居住していれば，日本法が適用されることになります（反致）。ただし，日本法に従って相続人や相続分が決定される場合であっても，財産管理はハワイの手続によることになりますので，プロベート（Probate）と呼ばれる手続が必要となります。

【文例17】 日本語に通じていない韓国人の妻が日本人の夫にすべての財産を相続させる内容の遺言公正証書の例

> 　本公証人は，遺言者　朴○○の嘱託により，後記証人2名立会いの下に，後記通訳人の通訳による遺言者の申述を筆記してこの証書を作成する。
> 　なお，遺言者は，日本国内に住所を有しているので，相続の準拠法として日本法を指定した。[注]
> **第1条**　遺言者は，遺言者の夫川口洋平（昭和○○年○月○日生）に遺言者が有するすべての財産を相続させる。
> 　（中略）

　　　本旨外要件
　　　国籍　　大韓民国
　　　住所　　○○県○○市○区○○町1丁目2番3-405号
　　　職業　　飲食店経営
　　　遺言者　朴○○
　　　　　　　　1956年7月8日生
　　　住所　　東京都○○区○○町2丁目34番地56
　　　職業　　会社員
　　　証人　　甲野健一
　　　　　　　　昭和○○年○月○日生
　　　住所　　東京都○○市○○町4丁目5番6号
　　　職業　　美容師
　　　証人　　乙山弥生
　　　　　　　　昭和○○年○月○日生
　　遺言者は日本語に通じていないので，遺言の趣旨を韓国語で口授させ，それを通訳人の通訳による日本語にて申述させるため，次の通訳人を立ち会わせた。
　　　住所　　○○県○○市○○町7丁目8番9-101号
　　　職業　　日本語学校教師
　　　通訳人　丙海さつき
　　　　　　　　昭和○○年○月○日生
　（以下略）

（注）　文例17では，遺言者の国籍が韓国であるところ，韓国の国際私法では「相続は，死亡当時の被相続人の本国法による」との規定と「被相続人が遺言に適用される方式によって，明示的に①指定当時の遺言者の常居所がある国の法，②不動産に関しては所在地法，のいずれかを明示的に指定している場合には，その法による」という反致が採用されています。
　　　そのため，反致主義を採用する国の外国人が日本において遺言を作成する場合には，準拠法をどうするかということを明確に決めておくことが重要となります。

失敗しないための ポイント

☑ 　相続分割主義の国籍であれば，日本国内の不動産は日本法にしたがって相続されますので，日本人の場合と同じように考えて構いません。預貯金など不動産以外の財産の相続は，パートナーの国の法律に従うことになります。

　　相続統一主義の国籍であれば，そのパートナーの国の法律に従って，日本国内の資産（不動産，動産など）の相続が決まります。日本法と相続分や遺留分など違う点がありますので，これも確認しておいた方がよいでしょう。国際相続に詳しい専門家に相談すると適切なアドバイスを受けられます。

☑ 　遺言の作成に当たっては，立会証人や形式，相続開始後の検認の要否などにも注意しておきましょう。

参考

内閣府男女共同参画局　令和3年11月2日資料1「結婚と家族をめぐる基礎データ」
https://www.gender.go.jp/kaigi/kento/Marriage-Family/5th/pdf/1.pdf

趙莉「中国における遺言方式の改正に関する議論及び日本法からの示唆」横浜法学第22巻第1号

アメリカの州別緊急対応状況　https://www.actec.org/resources/emergency-remote-notarization-and-witnessing-orders/

「各国の相続法制に関する調査研究業務報告書」（平成26年10月，公益社団法人商事法務研究会）

epilogue　外国人の場合には相続人を確定するための書類を集めること，その翻訳など手間や費用，時間がかかることが少なくありませんので，注意が必要となります。そのため，国際関係における相続でも，パートナーが財産を受け取るためには遺言の作成が有効な手段となります。

case *6* 事実婚関係にある場合の遺言

 事実婚とは，パートナー関係にある二人が婚姻の意思を持ち共同生活を送っているが，役所に婚姻届を出していない婚姻形態をいいます。「内縁」という呼び方もありますが，最近では「事実婚」という呼び方が多く用いられます。婚姻届を提出しない理由として，法律婚に縛られたくないという考えや，夫婦別姓を希望しているため，届出をしない（又は届出が不受理となっている）という場合もあります。

事実婚のパートナーが遺言を作成する場合は，自身の死後，共同生活を送ってきたパートナーがその後の生活に困らないように配慮し，併せて死後事務等についても希望や指針を示しておくことが大切です。

本項は，現行制度を基に事実婚の生活をしている人々に対し，パートナー間において知っておくべき制度を説明します。

🖐 ハナコとたけしの会話 —— 事実婚パートナーについての現状

 知り合いに，婚姻届を出さずに事実上の夫婦関係にあるパートナーがいるんだけど，法律上の婚姻とどのような違いがあるの？

 事実婚では，現行法では所得税の配偶者控除，相続税の配偶者控除の税制上の優遇措置は受けられず，将来一方が亡くなったときに財産を承継することはできないし，遺留分もないんだよ。

 法律婚の夫婦とは，違うのね。

 遺族年金は受け取ることができることがあるけれど，「生活を共にしていること」が必要となるし，戸籍上の配偶者がいる場合には，原則として，そちらが優先されてしまうね。

 事実上の夫であった人が死亡した場合，パートナー（妻）は，夫の遺産を取得することはできないの？

夫が生前贈与をしておけば取得できるし，パートナー（妻）に財産を遺贈する内容の遺言を作成しておけば夫の財産を取得できるよ。夫は，生活を共にしたパートナー（妻）のことを考え，自身の財産をパートナー（妻）に取得させる（遺贈する）という遺言を作成しておくことが重要になるね。

事実婚のパートナーには，相続権がないことを理解して，特に財産の承継の方策を考えておくことが大切なのね。

 解　説

> 事実婚のパートナーに対し，死後に自身の財産を承継させるためには遺言を作成することが必要です。

 事実婚パートナーの財産承継

事実婚のパートナーの財産の承継の方法を税制と関連づけて検討してみましょう。

事実婚と扶養義務

事実婚関係にある夫がその妻に対し，生活費の名目でお金を渡すことがありますが，これは事実婚であっても，夫婦と同様に相互に**「扶養義務」**がありますので，「贈与」とはなりません。

パートナーへの暦年贈与

扶養義務の範囲（金額）を超えて，多額の現金や土地・建物等の財産の所有権移転を無償で行うと，受贈者（贈与された人）には贈与税が課せられることがあります。**「扶養の範囲」**というのは，一定の金額ではなく，二人の生活状況（収入，資産，生活水準など）によって変わりますので，注意が必要です。贈与税は，暦年（毎年1月1日から12月31日までの期間）を一区切りとして，その1年間に受けた財産の合計額に基づい

て計算されます。1年間に受けた贈与財産の合計額から1年間110万円までの基礎控除額を控除して，税率をかけて贈与税額が算出されます。

2 事実婚の当事者による遺言作成

パートナーには「遺贈」が必要

　事実婚の夫（妻）は，妻（夫）に対し遺言によって無償で自己の財産を与えることになりますが，事実婚の妻は法定相続人ではありませんので，夫が妻に自己の財産を承継させる方法として，前記の生前贈与のほかには「死因贈与」か「遺贈」する方法があります。

事実婚の当事者が留意すべきこと

　事実婚の当事者は，遺言の作成に当たっては，序章フローチャート3（10のステップ）を考慮するほか，相続の開始までに居住建物の賃貸借契約書や，生命保険の受取りに際し，同一の生計を裏付ける資料を用意しておく必要があります。

相続税が課せられる

　法定相続人ではない第三者に対する遺贈では，その第三者に対する税金は贈与税ではなく相続税となりますが（相続税法1条の3），本来の相続税額の2割が加算されます（相続税法18条1項）。

ひと言アドバンス

特別縁故者に対する相続財産分与

　事実婚の夫（妻）に相続人がいない場合には，相続人不存在として相続財産清算人が選任され，その清算人が相続財産を管理，清算するとともに，相続人を捜索し，国庫に帰属させることになりますが，家庭裁判所は，被相続人と特別の縁故関係にあった者に対しては，相続財産を分与することができます（民法958条の2第1項）。これは，特別縁故者に対する相続財産分与と呼ばれる制度です。

特別縁故者の範囲として，「被相続人と生計を同じくする者」が挙げられます。内縁の配偶者，つまり事実婚のパートナーはそれに含まれることになります。

特別縁故による相続財産分与を受けるには，家庭裁判所による分与を認める審判が必要ですし，分与も全部分与ではなく，一部分与の場合もあります。また，相続税が課せられます。

パートナーのことを考えたら，特別縁故者に対する相続財産分与ではなく，生前贈与をしたり，あなたの遺贈の意思を遺言として残しておいた方がよいと思います。

文例―事実婚の相手方への遺言

【文例18】　事実婚パートナーへの包括遺贈

第○条　遺言者（佐藤一美）は，遺言者の有する次の財産を含む全財産及び全債務を，遺言者のパートナー^(注)である佐々木努（昭和○年○月○日生。住所　遺言者と同じ）に包括して遺贈する。

（財産の表示）

1　不動産
   (1)　○○市○○町三丁目４５６番7
       宅地　８９.１２㎡
   (2)　○○市○○町三丁目４５６番地7所在
       家屋番号　４５６番7の３
       木造スレートぶき２階建居宅
       床面積　１階　７８.９０㎡　２階　６７.８９㎡
2　預貯金など
   (1)　○○銀行○○支店
       普通預金　口座番号１２３４５６７
   (2)　その他の金融機関に対して預託するもの全て

（注）　遺言者によっては，「内妻」「内夫」と表記する場合もあります。

**失敗しないための
ポイント**

　事実婚パートナーの年金，生命保険金を受け取るには，事実婚を
していることの証明が求められます。この場合，住民票の世帯主と
の関係欄に「夫（未届）」「妻（未届）」と記載があれば，同居を証明
する手段となるでしょう。つまり，生活実態があることが受給を受
けるためのポイントとなります。

　その記載がなくても，居住建物の賃貸借契約書，郵送物の記載な
どの方法により同一住所で長期間住居を共にしていることを立証で
きることになります。

　その他の方法としては，パートナー同士で生前に公証役場にて
「パートナー関係にあることの宣誓供述書」を作成するのも一方法
です。また一部の自治体では「パートナーの証明書（宣誓書）」の制
度がありますので，その利用も考えましょう。

epilogue　　　夫婦別姓を選択したり，法律婚によって縛られたくないとして
「事実婚」を選択するパートナーもいます。

　　　　法律婚の場合の相続制度をよく理解した上で，「事実婚」の人
も自身の死後におけるパートナーの生活に配慮することが大切となります。

　なお，case 4 で説明した，遺言作成後に離婚した場合に，パートナーに特
定財産を取得させるかという問題と同じことが事実婚関係の場合にも該当しま
す。遺言作成後に事実婚関係を解消した場合にも，妻に財産を遺贈するのか，
遺贈を撤回するのかを明確にしておいた方がよいといえるでしょう。

case **7** 同性パートナー間（LGBTQ等）の遺言

第2 パートナー関係

 prologue LGBT，それにQを加えたLGBTQとは，いわゆるLesbian（レズビアン，女性同性愛者），Gay（ゲイ，男性同性愛者），Bisexual（バイセクシュアル，両性愛者），Transgender（トランスジェンダー，出生時に診断された性と自認する性の不一致），それにQueer，Questioning（クイア，クエスチョニング。自らの性のあり方について，特定の枠に属さない人，わからない人，決めていない人等）.の頭文字をとって組み合わせた言葉で，性的マイノリティを表す言葉の一つとして使われています。（東京レインボープライド2023「About LGBT」より一部引用）

　時代が変わる中，社会では多様性（ダイバーシティ）が受け入れられ，現在の日本でも，「性的指向」「性自認」が尊重されるようになってきています。

　そこで，本ケースでは，現在の法制度を前提として，このような多様な関係において，相続を考えるときにどんなことに注意したらよいのかを検討します。

🖐 ハナコとたけしの会話 —— 同性パートナー間の相続

 私の学校時代の友達でも，結婚した人が多いけれど，独身のままでいたり，女性同士で一緒に暮らしていたり，多様な生活を楽しんでいるわ。
私たちも次第に高齢化しているけれど，いわゆるLGBTQ当事者が相続を考えるときに注意すべきことってあるの？

現時点でできる一番よい方策の一つが，残された人のために遺言を作成することじゃないかな。

 そうなの。じゃあ，遺言を残さないで亡くなってしまうと大変になってしまうのね。参考になるような遺言の書き方を教えてね。

解　説

性的マイノリティ（LGBTQ）の当事者がパートナーに対し財産を取得させる有効な選択肢の一つとして考えられるのは遺言の作成です。

性的マイノリティ（LGBTQ）と法制度

　現在，法律上，同性婚や，事実婚関係の夫婦間での相続は認められていません。性的マイノリティ（LGBTQ）の当事者は，調査によると日本国内では全体の3～8％（大阪市の調査結果）あるいは8.9％（電通調査）という統計もあり，近年，性的マイノリティ当事者による婚姻の平等や職場における差別などの訴訟が多く提起されています。

　一部の自治体では条例などによってLGBTQ当事者への差別を禁止するとともに不利益な取扱いを行わないように職員への研修・啓発などを行ってきていますが，国全体，法制度は不十分な現状があります。

　日本国憲法24条が「婚姻は，両性の合意のみに基いて成立」すると規定しているから，憲法は男女間以外の婚姻は認めていないという主張もありますが，憲法は「個人の尊厳」「平等」を最も大切な価値概念としています。

同性パートナーをめぐる自治体の取組

　東京都では令和4年11月から**「東京都パートナーシップ宣誓制度」**が始まりましたが，日本では，LGBTQをはじめとする同性パートナーへの相続権は現在認められていません。これまではパートナー同士で養子縁組し，財産を残す例も一部にありましたが，同性パートナーとの婚姻関係を認め，相手に相続分を残したいという権利保障が求められています。自治体におけるパートナーシップ条例等が，次第に全国的に展開されてきたのも，社会や時代のさまざまな要請です。

　これらの問題解消のためには既存の法制度の改正や，新たな法制度が待たれるところですが，本書との関係では，相続に関し，パートナーとの間での遺言を残すことを検討しましょう。

同性パートナーとの契約関係の検討（遺言を検討する前に）

（遺言とは別に）まずは二人のパートナー関係をしっかりしたものとするための方策を考えましょう。

性的マイノリティ（LGBTQ）における法的な婚姻保護は，現時点では確立されていないため，二人でよく考えて二人の関係を確立するための方法をとらなければなりません。

パートナーシップ契約を締結する

「**パートナーシップ契約**」を締結するのも一つの方法です。

パートナーシップ契約とは，婚姻外のパートナー同士で婚姻と同様か，それに準ずる法的な権利義務を生じさせる契約（両者間の合意）と言えるものです。

異性間においても婚姻にとらわれたくない，夫婦同姓を強制されたくないといったことを理由として，パートナーシップ契約を締結することがあります。

パートナーシップ契約の主な内容は，婚姻と同様に，**同居・協力義務，医療同意，守操義務（浮気をしない），生活費の分担などの扶養・生活援助，共同財産の帰属，子どもの養育に関する取決め**などを選んで締結することができます。

効果として，夫婦同様に，ペアローンや収入合算により住宅ローンを組めたり，自治体によっては，パートナー間に夫婦同様の保護や援助が受けられたりすることもあります。

自治体のパートナーシップ宣言を利用する

自治体によっては，パートナーへの一定の保護や援助が受けられる例があります。一例として，令和4年11月から運用が始まった「東京都パートナーシップ宣誓制度」では，次のようになります。

まず，パートナーとなるための要件です。

（要　件）　　　　　　　　※　下記5要件全てを満たす必要があります。

①　「双方又はいずれか一方が性的マイノリティであり，互いを人
生のパートナーとして，相互の人権を尊重し，日常の生活におい
て継続的に協力し合うことを約した二者である」と**宣誓**したこと。
②　双方が**成年**（注　現在満18歳）に達していること。
③　双方に**配偶者（事実婚を含みます。）がいない**こと，かつ，双方
以外の者とパートナーシップ関係にないこと。
④　**直系血族，三親等内の傍系血族又は直系姻族の関係にない**こと
（パートナーシップ関係に基づく養子縁組により当該関係に該当する場合
を除きます。）。
⑤　双方又はいずれか一方が**都内在住，在勤又は在学**であること
（都内在住については，双方又はいずれか一方が届出の日から3か月以内
に都内への転入を予定している場合を含みます。）。
※　国籍は問わない（外国人でも利用可能）

（効　果）
パートナーシップ宣言の効果ですが，上記宣言の受理証明書を提出す
ることにより，以下の権利やサービスが認められます。

①　都営，都民，区民住宅などで**夫婦と同様に入居要件**や条件が認め
られる
②　都立病院で夫婦と同じような**医療同意権**が認められる
③　**生活保護**の受給要件が認められる
④　犯罪被害者となったパートナー（遺族）に**給付金**や援助が認めら
れる
⑤　駐車禁止除外や**高齢運転者票の交付**などの交通面での扱い
⑥　区の事業での**子育て援助**
⑦　民間事業では，一定の**保険金の受取り**や携帯電話（スマホ）契
約の割引，クレジットカードの家族カードの発行

ひと言アドバンス

法律上の契約関係の利用

●組合契約の締結

　パートナーが共同で同じ事業を営んでいる場合には，**「組合契約」**（民法667条以下）を締結しておくと，両者の関係を合理的な法的関係（権利義務関係）とすることができます。

　民法の定める一般的な「組合契約」とは，各当事者が出資（必ずしもお金に限らず，労務提供でも良い。民法667条2項）をして共同の事業を営むことを約することにより成立します（民法667条1項）。この事業は限定されていませんので，営利を目的にしなくても構いません。したがって，二人がパートナーとの間で一定のことを共同で行おうとする場合には，組合契約を締結しておくと，両者の関係を経済的，合理的な法的関係にすることができます。

●匿名組合契約の締結

　さらに，商法では**「匿名組合契約」**（商法535条以下）という契約形態も規定されています。匿名組合というのも聞き慣れませんが，当事者の一方が相手方の営業のために出資をし，その営業から生ずる利益を分配することを約することで成立しますので，実際には少なくない契約形態です。

　例えば，パートナーの一人が他方に出資し，出資を受けた方が営業を行い，それから生じた利益を二人で分けるということは世間的には少なくありません。これはパートナー関係に限らず，夫婦間でも存在することです。

●組合契約での残余財産の分配

　例えば，組合契約を締結しておくと，組合関係から脱退する一方当事者は，他方との間で，脱退時の組合財産の状況に応じて清算することが規定されています（民法681条1項）。そのため，離婚の場合の財産分与と同じように，**パートナーが共同で作り上げた資産**（債務を控除した後の純資産）があれば，出資に応じて残余財産を分配するよう請求できます。また，脱退前に生じた債務は負担しますが，脱退後に生じた債務は責任を負いません（民法680条の2）。

●匿名組合契約の解消

　商法540条では，匿名組合契約の終了について規定し，その存続期間

を定めなかったときや終身継続すると決めてあっても，6か月前に予告すれば，営業年度の終了時に解約（解除）できると定めています。また，やむを得ない事由があれば，いつでも匿名組合契約の解除をすることができるとも規定されています。

　匿名組合契約が終了したときは，営業者は，匿名組合員（出資したパートナー）にその出資の価額を返還しなければならないとも規定されています（ただし，出資が損失によって減少したときは，その残額となります。商法542条）。

 ## 4 委任契約・任意後見契約の締結

委任契約の活用

　一般的な「委任契約」（民法643条以下）や「準委任契約」（民法656条）を締結しておくと，財産管理に限らず，様々なことをパートナーの相手との間で取り決めたり，依頼しておくこともできます。対等なパートナー関係であれば，相互に委任者・受任者となる双方向型の委任契約を締結しておくことも一つの方法です。

任意後見契約の締結

　高齢になって判断能力に不安があるならば，**「任意後見契約」**（老後の安心設計）を締結するという方法もあります。

　信頼関係にあるパートナーであれば，任意後見契約を締結しておくというのも，高齢になり認知症などの症状となった場合の備えとして価値があります。後記の「委任契約」の中で，特定の内容を持つ任意後見契約法に基づくものが該当します。（→case29参照）

5 パートナーと契約を締結しておくことの意義 ── 関係が破綻（解消）した場合における清算の必要性

パートナー関係が途中で破綻したり，解消する場合には，共同関係を

清算しなければなりません。

6 同性パートナーとの遺言の検討

　同性パートナーに自己の財産を承継させる方法としては，生前贈与のほかに死因贈与・遺贈による方法があります。

 文例―同性パートナー関係における遺贈

【文例19】 同性パートナー関係にある者への遺贈

> 第1条　遺言者（佐藤一美）は，そのパートナー関係にある森下礼子（昭和○年○月○日生。本籍地　○○県○○市○○町1丁目2番地3）にその有する全財産を包括して遺贈する。[注]
>
> 第2条　遺言者は，森下礼子に対し，前条で遺言者の財産の遺贈を受ける負担として，生涯にわたり遺言者との間で締結した○○年○月○日付けパートナーシップ契約で定めた義務を遵守し，遺言者の面倒をみる義務を負担させるものとする。

（注）　ここでは必ず「遺贈する」と記載します。

失敗しないためのポイント

　生前に二人で何も取り決めをしないと，後でパートナー関係を解消するとき揉める可能性があります。したがって，両者間の共同関係を合理的なものとするために，両者間の人間関係が円満なときに，一定の契約を締結しておくことは有意義と言えます。例えば，次のような検討をされるとよいでしょう。

☑　生前には，共同・共有関係に関する契約を締結し，自治体のパートナーシップ宣言を利用する。

☑　高齢になったときのことを考えて任意後見契約や委任契約を，死後のことは死後事務委任契約を締結する。

☑　遺言によって財産をパートナーに譲る。

☑ もしパートナーの相手が遺言を作成しないで死亡してしまった
場合に，相続人がいなければ特別縁故者に対する相続財産分与の
申立てを行う。

epilogue　LGBTQ，同性パートナーといった多様な人間関係は現時点で
は夫婦関係，養親子関係に比べて法的な保護が十分行われていな
いのが現状です。

　そのため，相続においては遺言の作成，生前においては，養子縁組，任意後
見契約や，委任契約など法的な意味のある方法で補っておくことが必要になり
ます。そのような法的な関係を築いておかないと，後でパートナー関係解消時
だけでなく，パートナーの一方が死亡した場合にも困ることが生じるからです。

総 論 おひとりさまと終活

prologue 頼れる家族や親族がいない，または親族がいても何年も連絡を取っていない，関係が疎遠である，もしくは頼りたくないと考える人は少なくありません。

いわゆる「おひとりさま」には，老後のこと，病気など，もしものことを想定し，近親者や他人の好意に頼らず生活を維持することに腐心している人もいます。

本ケースでは，「おひとりさま」の置かれている状況を理解した上で，遺言を作成するに当たってどのようなことを検討したら良いかということを考えてみることにします。

ハナコとたけしの会話 —— 終活とおひとりさま

 最近，「終活」や「おひとりさま」が特集されているね。

 「おひとりさま」とは，一般的には一人で暮らしている人を意味するけど，僕なんかは（本書でも）相続人がいない人，相続人はいるけれど疎遠で頼れる人がいない人を含むものと考えているよ。親・配偶者・子どもがいない場合はすべて遺産の処分について自分で決めることができ，遺留分に配慮する必要もないんだよ。

 疎遠となってしまった子どもや配偶者がいるときにはどうなるの？

 そのような場合には遺留分を有する相続人がいるので，おひとりさまが財産全部を第三者に遺贈するという遺言を書いてしまうと，後で遺留分を巡るトラブルになるかもしれないね。

 おひとりさまとしては，遺言以外にどのようなことを考えておかなければならないの？

 遺産をどうするか以外にも，住んでいる住居，葬儀・埋葬，遺産整理，遺贈（寄付），デジタル遺産，ペットの世話など様々にあるよ。

解　説

> 本書では，おひとりさまにつき，家族構成上3タイプに分けることができると考えています。各タイプによって状況が異なるので，それぞれ遺言をどのように作成するのが相当かを検討しましょう。

　日本社会における「おひとりさま」の様々な状況

　現在の日本社会で生活している人の中で，同居者が一人もいないという「おひとりさま」が一定の割合を占めていますが，頼れる家族や親族，パートナーがいない，または親族がいても関係が疎遠だといった状況にある人も少なくありません。それを「おひとりさま」とか「個独」，「孤人」，「孤高」の人などと呼ぶこともあります。本書では，分かりやすい「おひとりさま」との呼称を使いたいと思います。

　おひとりさまといっても，積極的におひとりさまを選択する人も，そうでない人もいます。自己の意志でこの先の生き方を選択したおひとりさまもいれば，パートナーとの離別・死別経験等のあるおひとりさまもいる一方，家族・親族と疎遠状態となり，それが長く続いているというおひとりさまもいます。

　おひとりさまの類型（3タイプ）

　相続の観点から「おひとりさま」を検討すると，本書においては次の3つに分類することができると思います。

I型おひとりさま（推定相続人なし）

　子ども（直系卑属），配偶者，親（直系尊属），兄弟姉妹といった法定相続権を持つ相続人が現在一人もいないという場合です。純粋な意味での「おひとりさま」の場合です。

Ⅱ型おひとりさま（きょうだいのみ：遺留分をもつ推定相続人なし）

　兄弟姉妹らといった推定相続人はいるが，子ども（直系卑属）や配偶者，親（直系尊属）といった遺留分を持つ法定相続人がいないという場合です。

Ⅲ型おひとりさま（疎遠型：遺留分を持つ推定相続人あり）

　子ども（直系卑属）や配偶者，親（直系尊属）といった遺留分を持つ推定相続人はいるが，連絡が取れずにその関係が疎遠となっている場合です。

 おひとりさまの留意点（自身の生活の安定・充実）

　おひとりさまの場合，まずは自身の高齢化とその生活を考えて，生活設計と万一の場合の危機管理を行うことが必要です。

　おひとりさまに限らず，人は高齢化しますし，病気やケガなどのリスクもあります。日本人に多くあるライフスタイル（生活設計）は，貯蓄が圧倒的ですが，「資金」や「財産」があれば安心かといえば，そうではありません。

　現金だけではなく，金(きん)や暗号資産，上場株式などを換価するためには「意思能力」が必要で，さらに不動産の場合には，換価までに一定時間も必要となります。もし，意思能力に不安があれば，法定後見制度によって補う手段を講じたり，信頼できる相手がいれば，任意後見契約を締結するのも一つの対応方法です（⇒case29参照）。

 おひとりさまの相続 ── まずは「推定相続人」を調査しよう

推定相続人の調査

　おひとりさまがまず考えて欲しいのは，将来（もし）自分が亡くなったら，相続人がいるのか否か，誰が相続人となるのか（法律では「**推定相続人**」と呼ばれます。）ということです。

　子どもや配偶者がいない人であれば，**直系尊属**（両親，祖父母など）が

第2順位として相続人となります。ある程度の年齢以上となると，自身が亡くなるときには直系尊属は全て先に亡くなってしまっている場合が少なくありません。

　次に，直系尊属の次順位として**兄弟姉妹**（きょうだい）が第3順位として法定相続人となります。きょうだいが先に亡くなっていても，その子ども（甥，姪）がいれば，**代襲相続人**になります。

　そして，きょうだい（甥姪を含めて）も全くいない（ひとりっ子）のであれば，誰も法定相続人がいないということになります（I型）。

遺言作成の要否

　II型，III型のおひとりさま（きょうだい型・疎遠型）が，法定相続人に法定相続分の割合で相続させるのならば，遺言の作成の必要はないかもしれません。ただし，不動産など財産内容によっては簡単に分割できない場合や，推定相続人の関係によっては協議がまとまらない，あるいは紛争する場合もあります。したがって，推定相続人が一人である場合以外は，遺言の作成が望ましい場合もあります。

5 生前契約を考えよう

　老後や亡くなった後のことが心配ならば，生前に，①**見守り契約**（面会等の適宜な方法による定期的な生活確認や相談に応ずる契約），②**財産管理契約**（財産の管理を委任する契約），③**任意後見契約**などを締結することで，老後の生活に当たっての不安を取り除くことができます。

　近時，スマホのアプリによって，定期的に連絡をし，それに対する返信があるかという見守りサービス等も始まっているようですが，それがどこまでをカバーできるか，返信をしなかった場合にどのように対応するのかなどを確認する必要があるでしょう。

　他方，**葬儀・埋葬等の死後事務**は，遺言で決めるべき事項ではないので，遺言に記載しても，厳密には法的効力がありません（付言の中で記載できますが，それは相続人らに法的義務を課すものではありません。

　そこで，死亡後に生じる葬儀，埋葬等の事務の代理権を他人に与える

死後事務委任契約をすることで，死後のことに備えることができます（⇒case 28参照）。

6 遺言による財産の承継を検討する

遺贈（寄付）

　社会貢献をしたいという考えから，遺産を公益法人等に遺贈を希望する人もいます。遺贈による寄付としては，貧困家庭の子どもの教育支援，交通事故被害者団体への支援，病気で苦しむ子どもの支援，災害や緊急支援，復興支援，開発途上国の医療・福祉への支援，医療研究機関への支援，SDGs，環境保護，地球温暖化防止，世界平和など，様々な社会的に有用な活動団体・組織への支援などが考えられます（⇒case 22「遺贈（寄付）」へ）。

遺言執行者の指定

　遺言により遺産の承継先を定め，遺言執行者を指定することにより，遺言者の意思を実現することができます。特に，財産を金銭に換価して遺贈（寄付）したい，または推定相続人以外に遺贈したいという場合には，**遺言執行者の指定**が必要になります（⇒case 27参照）。

遺言代用信託

　おひとりさまの相続が発生した場合，例えば信託銀行等の受託者が死後事務に係る費用を精算のうえ，指定してある帰属権利者に残余の信託財産を帰属させるというものです。この場合，おひとりさまは委託者兼受益者として遺言代用信託の契約を締結することになります。

第3 おひとりさま

✎ まとめ—おひとりさま相続で考えておくポイント

☑ まず**法定相続**ではどうなるかを考えましょう。きょうだいや甥姪に譲るのかについては，本人との関係だけでなく，親，お墓や地元との関係なども考えてみましょう。

☑ **きょうだい以外に遺贈（寄付）**するのであれば，自身が共感するかどうかなどの価値判断を優先して寄付先を決めることができます。

☑ 金銭を遺贈（寄付）するのであれば，どこから（現金や預貯金などか，全財産か）出すのか，寄付先の優先順位などを考えて決めましょう。

☑ **遺産の処分**や**ペットの世話**や扱いを誰に頼むかも決めておきましょう。

☑ **葬儀，埋葬**が心配であれば，誰に頼むか，何を希望するかなどを確認しておきましょう（先祖のお墓に入れるかどうか，それを希望するかどうかなど）。

☑ 終活しているのであれば，それを周囲に伝えましょう。

☑ 死後の発見が遅れないように**見守りサービスの利用**も検討しましょう（どこに，誰に頼むかが重要です。費用も含めて慎重に選択しましょう）。

☑ 認知症の備えの一つとして，**任意後見契約**を検討しましょう。

☑ **死後事務委任契約**や**信託契約**を締結する場合，信託銀行においては，信託報酬，運用報酬，終了時信託報酬などの費用，そして死後事務受任者を介すると別途実費及び報酬がかかりますので，その費用額を予測しておくとよいでしょう。

☑ 遺言を作成して財産を相続人以外に遺贈するのであれば，**遺言執行者を指定**しておきましょう。また，財産の換価が必要かどうかも事前に調べておきましょう。そして換価が必要であれば，遺言執行者にその換価手続を依頼しておきましょう。

I型おひとりさまの遺言 ── 推定相続人なしの場合

 解　説

> I型おひとりさまの場合，相続財産を遺贈するか，最終的に国庫に帰属させるかについて，自由に決めることができます。自らの意思を示すためにも遺言の作成を考えましょう。

1 I型おひとりさまの相続 ── 相続財産法人の成立と国庫への帰属

　子どもや配偶者，親，そして兄弟姉妹も全くいないという「I型おひとりさま」においては，そのおひとりさまが遺言を作成することなく亡くなると**「相続人不存在」**として**相続財産法人**が成立します。

　相続人不存在（存否不明）の場合，その相続財産は，家庭裁判所が**相続財産清算人**を選任し，一定期間の公告を経て相続債権者や受遺者があれば，その弁済を行い，最終的に財産が残った場合には，**特別縁故者**がいないかを判断し，特別縁故者に財産を分与し，さらに残余財産があったときには**国庫に帰属する**（民法959条）ことになります。

2 I型おひとりさまの遺言作成の有用性

　おひとりさまが遺産を遺贈（寄付）したいと望むのであれば，生前に遺言を残しておかなければなりません。

　公正証書遺言にするか，あるいは自筆の遺言であれば，信頼のおける遺言執行者に預けておくことが一つの方法で，それ以外の方法では，自筆の遺言を法務局に保管することが紛失等のおそれがなく，より望ましいと言えます。

第3　おひとりさま

3 遺贈（寄付）先は自由に決められる

　Ⅰ型おひとりさまであれば，推定相続人がいないため，財産を誰に（どこに）遺贈したいかを遺留分を考慮することなしに自由に決めることができます。

　自身が共感を覚えたり，活動を支援したいと願う個人や団体などに寄付したり，お世話になった方に対する御礼の意味を込めて遺贈するなど，自己の財産の活用方法を検討してください。

文例─おひとりさまが第三者に遺贈する場合

【文例20】　おひとりさまの遺贈

第1条　遺言者（鈴木明）は，その所有する財産のなかから金○○○万円を公益財団法人K大学L研究所（現理事長　浜中邦夫）に遺贈する。

第2条　遺言者は，その所有する財産から第1条の遺贈を控除した残金から，後記の遺言執行者に遺言者の次の費用を優先して支払いをさせる。
(1)　遺言者の医療費，施設利用料，公租公課などの未払いの債務
(2)　遺言者の葬儀及び埋葬等の費用
(3)　後記遺言執行に必要な費用及び遺言執行者の報酬

第3条　遺言者は，その所有する財産から第1条，第2条に定める遺贈，債務等を控除した残金がある場合には，遺言者の出身高校である学校法人○○学園にその2分の1を，その残余を遺言者の出身自治体である○○市（現市長○○○○）にそれぞれ遺贈する。

　その使途については，各法人に委ねるが，学校法人○○学園では遺言者がその在学中にブラスバンド部に在籍していたことから，生徒の部活動の維持や整備のために使われること，○○市では遺言者が愛玩する猫の保護や育成のために使われることを希望する。

第4条　遺言者は，本遺言の執行者として，大木武（昭和○年○月○日生。住所　東京都○○区○○町1丁目23番4‐506号。職業　弁護士）を指定し，本遺言実現のための全ての権限を付与する。

失敗しないための ポイント

おひとりさまと遺言保管制度

　おひとりさまの場合には，自筆で遺言を書く場合には法務局保管の要請が強くなるでしょう。おひとりさまが仮に亡くなってしまった場合に，すぐに発見されるかどうかわからないリスクもあります。また，自筆証書遺言を作成し，自身が保管していたとしたら，紛失や未発見，廃棄（処分）というリスクも想定されるからです。

　相続財産清算人は公正証書遺言の有無を調査しますし，同様に自筆証書遺言の法務局保管の有無についても必ず調査を行いますので，遺言内容が実現される可能性は高いでしょう。

第3　おひとりさま

Ⅱ型おひとりさまの遺言——配偶者・子はいないが,きょうだいがいる場合

 解　説

> きょうだいとの関係は千差万別です。核家族化が進み，また，家族観が変容してきている現代において，きょうだいとの関係も多様になってきています。おひとりさまの推定相続人がきょうだいのみであるときには，遺言を書き残すことで，自身の財産の承継先や方法を決めることができます。

 1 Ⅱ型おひとりさまの相続

　子どもや配偶者，親等はいないが，きょうだい（姪，甥を含む）だけ存命中という「Ⅱ型おひとりさま」が亡くなった場合，きょうだいが**推定相続人**となります。つまり，おひとりさま（被相続人）が遺言を作成しなければ，推定相続人であるきょうだいがその財産を相続することになります。

 2 きょうだい（甥・姪）へ相続させるかどうかの判断

　Ⅱ型おひとりさまが悩むのは，将来の相続で，きょうだいらに財産を譲る（与える）か否かということです。その場合の判断に大きく影響するのがきょうだいとの人間関係です。

　きょうだいに子ども（甥，姪）がいるか否かを問わず，きょうだいとの関係が円満であり，是非遺産を譲りたいと積極的に考える人もいると思います。

甥や姪との関係

　きょうだいの子，すなわち甥や姪との関係が親密であるか否かという

ことも判断要素の一つです。疎遠である場合には，相続させないという判断に至ることもありましょう。他方，甥，姪との関係は良好であるとか，「甥・姪が可愛いので財産を譲りたい」と考える人もいます。そのような場合には，甥や姪に遺贈する遺言を検討することもあります。

きょうだいが親の介護などを行った場合

　きょうだいらが故郷で高齢になった親の介護や世話を自分の代わりに行っている場合があります。その恩に報いる，親がお世話になったことへの御礼という思いで財産を残す（承継させる）という人もいます。

お墓のことを考慮する場合

　おひとりさまの死亡後に，ひとりでお墓に入りたくない，できれば親や親族がいるお墓に一緒に入りたいと望む人もいます。親や親族の墓を守ってくれるきょうだいに埋葬を頼むしかないと考えて，きょうだいに遺産を相続させる場合があります。

地元への還元を考慮する場合

　故郷を離れて，都会や他所で生活しているおひとりさまも少なくありません。学校時代の同級生，近所の遊び仲間などが故郷に残っていることもあります。故郷への愛着やその発展を願い，故郷に暮らすきょうだいに相続をさせることで，きょうだいを通じて地元や生まれ故郷に自身の遺産の還元を図りたいという場合もあります。

3 きょうだいが複数いる場合など

　きょうだいが一人だけであれば，おひとりさまの相続では揉めることはないと言えますが，複数のきょうだいがいる場合には，遺産分割を巡っての対立が予想されます。例えば，土地につき，きょうだいのうち一人が土地を取得したいと主張するのに対し，他のきょうだいは，土地を売却してお金で分割したいと主張することがあります。そのような場合には，きょうだい間で遺産分割協議をする必要が生じますので，共有

を避ける遺言の作成が有用になります。

　また，きょうだいが先に亡くなり，その配偶者に財産を譲りたいと望むのであれば，遺言の中で予備的遺言を作成しておくことが必要になります。（文例23）

 遺産の一部をきょうだいに相続させ，他を第三者に遺贈する場合

　財産の一部をきょうだいに相続させても，残りの財産は自身の考える先に遺贈（寄付）したいと考える場合には，遺言書の作成が必要になります。この場合，**きょうだいと寄付先とどちらを優先するか**という問題も生じます。どちらを優先するかを決めておくことも大切なことになります。

 きょうだいに相続させないことを選択した場合

　きょうだい（甥，姪を含めて）には**遺留分**がありません。そのため，Ⅱ型おひとりさまは，遺言を作成して自由にその財産の承継先を決めることができます。

📝 文例―きょうだいのいるおひとりさまの遺言

【文例21】　きょうだいに遺産の一部を優先的に負担付きとして相続させ，残余があれば，それを遺贈する文例

> **第1条**　遺言者（鈴木明）は，その所有する預貯金，有価証券等の財産の中から金300万円を遺言者の兄鈴木清（昭和○年○月○日生）に相続させる。ただし，鈴木清は，上記相続の負担として遺言者の葬儀を行うと共にその遺骨を○○市○○にある「鈴木家」の墓に納骨し，遺言者の一回忌，三回忌，七回忌まで執り行わなければならない。
> 　なお法要は近親者だけで行うこと，遺言者の七回忌が終わった後は，改葬，移骨，合葬しても構わないものとする。

> 第2条　遺言者は，その所有する預貯金，有価証券等から第1条による相続の残余の財産を公益財団法人Ｋ大学Ｌ研究所（現理事長　浜中邦夫）に遺贈（寄付）する。

【文例22】　一定の宗教法人Ｎに優先的に300万円を遺贈し，残余があれば，それをきょうだいに相続させる文例（予備的遺言付き）

> 第1条　遺言者（山本月子）は，その所有する預貯金，有価証券等の全ての財産の中から金300万円を宗教法人Ｎ（所在地　○○県○○市○○町1丁目23番地4）に遺贈し，遺言者の永代供養を執り行わせる。
>
> 第2条　遺言者（山本月子）は，その有する預貯金，有価証券等から第1条による遺贈の残余の財産を遺言者の妹鈴木花子（昭和○年○月○日生）及び遺言者の弟川口洋平（昭和○年○月○日生）に均等に相続させる。
>
> 　なお，鈴木花子又は川口洋平が遺言者より先に又は同時に死亡した場合には，その死亡者の法定相続人に，それぞれ法定相続の割合により相続させ又は遺贈する。[注]

(注)　死亡者の法定相続人に配偶者等が含まれる場合は「遺贈」となります。

第3　おひとりさま

【文例23】　きょうだい（弟）が先に亡くなった場合の予備的遺言の例（きょうだいの配偶者（妻）に遺贈する場合）

> 第1条　遺言者（山本月子）は，その所有する預貯金，有価証券等の財産の中から金100万円を遺言者の弟川口洋平（昭和○年○月○日生）に相続させる。
>
> 第2条　遺言者（山本月子）は，弟川口洋平が遺言者より先に又は同時に死亡した場合には，前条で川口洋平に相続させるとした財産を，川口洋平の妻川口明子（昭和○年○月○日生）に遺贈する。[注]

(注)　弟の妻は相続人ではないので「遺贈する」と記載すること。

【文例24】　きょうだい二人に，財産をそれぞれ分けて相続させる例

第1条　遺言者（山本月子）は，その所有する○○市内の土地及び建物（自宅）を遺言者の妹鈴木花子（昭和○年○月○日生）に相続させる。

第2条　遺言者（山本月子）は，その所有する預貯金，有価証券等の財産の中から金○○○万円を遺言者の弟川口洋平（昭和○年○月○日生）に相続させ，その残余を前記鈴木花子に相続させる。

失敗しないための
ポイント

　きょうだいや甥姪に相続させるか否かについては，遺言者ときょうだいとの親疎，交流関係，親の介護の状況，お墓や地元との関係などを考慮して，財産の承継先やその方法を検討しましょう。
　上記要素以外の判断すべき要素を考え併せたうえ（総合判断）で
　①きょうだいに財産を全部相続させる
　②きょうだいに財産の一部を相続させる，他を第三者に遺贈する
　③きょうだいに全く財産を相続させない
という選択肢のなかから選ぶことになります。

**Ⅲ型おひとりさまの遺言──関係の
疎遠な配偶者や子どもがいる場合**

 解　説

> Ⅲ型おひとりさまの場合，遺言を書く前に，自身の家族関係を確認し
> ましょう。配偶者，子，直系尊属，そして，兄弟姉妹，その代襲者を
> 調べてみましょう。

 Ⅲ型おひとりさまの相続

　遺留分を持つ推定相続人が存在するものの，それらの近親者とは長期
間，疎遠の状態にあり，それが改善される可能性が低く，関係修復が困
難と見込まれる「疎遠型おひとりさま」においては，たとえ疎遠な状態
にあったとしても，配偶者や子どもが推定相続人となります。おひとり
さま（被相続人）は，遺言を作成しなければ，配偶者やその子どもがそ
の財産を相続することになります。

 Ⅲ型おひとりさまの不安と備え

推定相続人（近親者）への負担

　おひとりさまは，自身に何かあれば，（関係は疎遠であっても）近親者
（推定相続人）に対し連絡が行くため，近親者に一定の負担を掛けてしま
うのではないかという不安を抱えている場合があります。

遺留分侵害額の問題

　遺言で，近親者以外に財産を遺贈（寄付）しようとしても，推定相続
人からの**遺留分侵害額請求の問題**が発生する可能性もあります。

第
3
章

おひとりさま

生前契約を備えよう

　もしもの場合の備えをしておくことも必要です。新聞や週刊誌などで「**孤独死**」の記事が出ることがありますが，一人暮らしをしていたおひとりさまが亡くなっても，直ぐに発見されずに，死後数日ないし数か月経ってから発見されることがあります。

　①見守り契約，②死後事務委任契約，③ペット等がいれば，面倒をみてもらうためのペット・シッター契約・ペット信託契約，④遺言信託等の検討をしておきましょう。

 残る遺産の相続を考えよう
　　　── **Ⅲ型おひとりさまの相続において検討すべきこと**

　おひとりさまが死亡した後，生前の債務につき支払等が必要な場合には，一定額の資金（資産）を残しておくことが必要となります。

　そこで，**残された財産の承継をどうするか**を決めておくことが必要になります。

　「Ⅲ型おひとりさま」の場合には，遺言を作成しなければ，相続権を持つ推定相続人が相続することになり，第三者に遺贈（寄付）しようとする場合にも，推定相続人の遺留分の問題に直面します。

　Ⅲ型のおひとりさまが遺言を作成し，関係が疎遠な近親者以外の第三者に財産を遺贈（寄付）したい場合，以下の点につき検討する必要があります。

遺留分に配慮した遺贈の検討

　推定相続人が配偶者や子ども（直系卑属）である場合には，**総対的遺留分**が2分の1あります。したがって，Ⅲ型おひとりさまが遺言を作成しても，遺産の半分を超えて遺贈や生前贈与をした場合には，**遺留分侵害額請求**がなされる可能性があります。したがって，**遺産の半分を第三者に遺贈し，残った半分を法定相続人（配偶者や子ども）に相続させる**という内容が一つの無難な選択肢といえます。

　一方，相続人が，疎遠であったⅢ型おひとりさまからの相続を希望し

ないことが予想される場合は，**全ての遺産を第三者に遺贈する**という選択もあり得るでしょう。

　遺言者の価値観や，遺留分侵害額請求を受けることになる遺贈先への負担，といった観点から判断が分かれることになります。

遺贈先，遺贈方法の検討

　次に，**誰に（どこに），いくら遺贈するか**という点を検討します。自身の判断や価値観に従って，遺留分を侵害しない限り自由に遺贈（寄付）してよいと考えるべきでしょう。遺贈（寄付）の項（case22）も参照して下さい。

遺言執行者の指定

　次に，遺言執行者の指定をします。

　相続人以外の第三者への遺贈を選択したのであれば，遺贈先と遺贈財産を決めるとともに，遺言執行者を決めておくことが望ましいと言えます。

　相続人が，「Ⅲ型おひとりさま」の遺産の受け取りを拒否する場合は，**「相続放棄」**（民法915条以下）の手続をすることになります。

　相続放棄は，相続の効果を確定的に消滅させる相続人の意思表示であり，はじめから相続人にならなかったことになります。

📝 文例─Ⅲ型おひとりさまの遺言

【文例25】　公益財団及び学校法人への遺贈

> **第1条**　遺言者（鈴木清）は，その所有する財産の中から金○○○万円を公益財団法人○○○医師団（所在地　東京都○○区○○1丁目2番3号ドクタービル4階）に遺贈する。
>
> **第2条**　遺言者は，その所有する財産から第1条の遺贈を控除した残金から，後記の遺言執行者に遺言者の次の費用を優先して支払いをさせる。
> (1)　遺言者の医療費，施設利用料，公租公課などの未払いの債務
> (2)　遺言者の葬儀及び埋葬等の費用

第3 おひとりさま

(3)　後記遺言執行に必要な費用及び遺言執行者の報酬

第3条　遺言者は，その所有する財産から第1条，第2条に定める遺贈，債務等を控除した残金がある場合には，遺言者の出身高校である学校法人○○学園にその2分の1を，その残余を遺言者の出身自治体である○○市（現市長○○○○）に各遺贈する。

　　　その使途については，各法人に委ねるが，学校法人○○学園では遺言者がその在学中にバスケットボール部に在籍していたことから，運動部活動の維持や整備のために使われること，○○市では犬猫の保護や育成のために使われることを希望する。

第4条　遺言者は，本遺言の執行者として，大木武（昭和○年○月○日生。事務所　○○市○○町1丁目23番4号○○ビル4階。職業弁護士）を指定し，本遺言実現のための全ての権限を付与する。

【文例26】　相続人のほかに第三者に対し相続財産の一部を遺贈する文例

第1条　遺言者（鈴木清）は，その所有する預貯金，有価証券等の財産の4分の1を遺言者の妻花子（昭和○年○月○日生）に相続させ，残りの4分の3を次の者に遺贈する。

氏　　名　○○○○
生年月日　昭和○○年○月○日
住　　所　東京都○○区○○2丁目34番5−607号
職　　業　○○○

第2条　遺言者は，本遺言の遺言執行者として中村裕一（昭和○○年○月○日生。住所　東京都○○市○○1丁目23番4−506号，職業弁護士）を指定し，遺言者の所有する預貯金，有価証券，その他の財産の名義変更，解約，換価，その分配その他本遺言執行のために必要な権限を同人に付与する。

2　第1項の遺言執行者に対する報酬は○○万円（税別）とする。

epilogue おひとりさまにおいては，生前には老後の備えとして，どのような余生を過ごし，財産承継をしたいのかを決め，見守り契約，財産管理契約などを締結しておきましょう。そして，将来亡くなった後には，住まいのこと，終活の方法（葬儀，埋葬，家財の整理），財産の寄付，デジタル遺品の処理，ペットの世話などの多様な問題が起こり得ることを想定し，おひとりさまの 3 類型の違いを意識した上で自分の思いに沿う遺言を作成するようにしましょう。

第3 おひとりさま

case**11**　孫養子と相続分

prologue　　孫を養子にすることは，かつては家名を承継するために行われることがありましたが，相続税対策として孫などを養子とする例も世間では存在しています。それは，相続税の面では控除額が増えるため，相続税を節税する目的によるものです（子ども1人につき600万円の増額）。しかし，養子縁組をすることは単に税金面だけに影響するだけではありません。実子と同じ法的な地位にある相続人が増えることになるので，相続分も変わりますし，遺留分の計算も他の相続人に影響します。したがって，養子縁組をする場合には，単なる相続税対策とだけ考えずに，他のことも考え合わせた上で縁組みをするかどうかを判断することが必要となります。

🕊 ハナコとたけしの会話 ── 孫を養子にすることとその影響

私の知り合いの家で，亡くなったお爺ちゃんが，生前，長男と相談して「相続税で有利だから」といって長男の子ども（孫）との間で養子縁組をしたの。

そのことは長男以外のきょうだい（長女）も知っていたの？

「相続税で有利だから」と説明されていたので，長女からは異論は出なかったみたい。しかし，遺言は作成していて，遺産の多くは長男に残すって内容だったの。

遺留分が問題になったんだね。養子縁組により相続人が増えたから遺留分も変わってしまったんだね。

そうなの。長女の遺留分が4分の1から6分の1になってしまったのね。

養子縁組をするときには，税金面だけでなく，相続分や遺留分にも影響があるから，よく検討してから決めた方がいいんだよ。

解　説

養子縁組をすることは，相続税への影響のみならず，養親と養子，相続が開始したときの養子と他の実子らとの相続関係にも影響が及びます。したがって，それらの影響を考え合わせたうえで，養子縁組をするかどうかを判断しましょう。

1 養子制度

　養子制度は人為的，後発的に親子関係を創設するものです。養子縁組は，**養親となるべき者と養子となるべき者との合意**に基づいて養子縁組届を作成，提出し，それが受理されることにより成立します（民法799条）。養子となる者が15歳未満であれば，その法定代理人（多くは実親）が養子に代わって養親との間で縁組すること（代諾養子）も認められています（民法797条）。そして，養子は，縁組成立の日から，養親の嫡出子としての身分を取得します（民法809条）。その一方で，実親との親子関係も残るため，**養親との二重の親子関係**が成立します（特別養子制度を除きます）。したがって，相続権は，養親子と実親子の資格により二重に発生することになります。

2 孫養子

　世間的には，高齢の祖父や祖母が孫（実子の子）を養子にすることが行われています。

　孫養子は，家系承継を目的とするほか，例えば長男の子（孫）を相続人にすることで，長男の家族の相続分を増やし，相続税の節税を目的とすることもあります。遺産に係る基礎控除額は，**3000万円＋600万円×法定相続人の数**で算出されますから，**相続人の数が多いほど，基礎控除額が多くなる**からです（なお，相続人に実子がいる場合には養子は1人まで，相続人に実子がいない場合には養子は2人まで，控除が認められています。）。

　相続税の節税目的で行われる孫養子であっても，相続税の節税の動機

と縁組をする意思とは併存し得るものであり，縁組意思はあるので，法律的に有効なものと認められています。

3 孫養子以外の養子縁組の利用

　高齢者が同居生活をしていた者（血縁者以外の者）などと養子縁組をする例もありますが，その中には，高齢者の財産相続を主な目的とした縁組ではないかが問題になり，相続人との間の相続紛争の火種となる例もあります。

　そのほか，**同性パートナー**が養子縁組をすることもあります。年上者が養親となり，年下の者が養子となるのであれば，養子縁組をすることができます。この場合，**当事者に「社会通念上，親子と認められる関係を成立させる意思」**があるか否かが問題となることがあります。パートナー関係と養親子関係とが両立するかは難しい問題です。

　別項（case 12）で説明している「ステップファミリー」でも，法的な親子関係を設けるために養子縁組をするということもあります。

4 養子縁組の効果

養子縁組による氏の変更

　養子が養親の姓に変わらなければならないために「夫婦同姓」と同じような問題が発生します。特に，養子縁組の前に一定の社会的な活動を行っている場合（学校生活を含む）に，養子縁組をすると養親の姓に変えなければならないとすると，養子縁組自体を躊躇する人も多いでしょう。もちろん縁組み前の姓を通称（旧姓）として使用することが可能な場合も，結婚の場合と同様にありますし，現在も，一定範囲では通称（旧姓）使用も広く認められています。それでも，通称では公的な証明を受けられないことが大半なため，社会，経済生活において制約を受けることが少なくないでしょう。例えば，クレジットカードを作成するについても，通称では作成できないことがほとんどです。

　したがって，このような煩わしさも養子縁組が敬遠される原因の一つ

となっています。

ひと言アドバンス

婚姻後の養子縁組

養子縁組すると，養子は養親の氏（姓）を使うことが定められています（民法810条）。同条但し書きで「婚姻によって氏を改めた者については，婚姻の際に定めた氏を称すべき間は，この限りでない。」が適用されるのは，婚姻で姓の変わった配偶者が養子縁組をする場合だけですので，適用されるのは限定的です。

これは，「山田花子」さんが「鈴木一郎」さんと結婚して「鈴木花子」と姓を変えた後に，佐藤太郎・良子夫婦の養子になっても「佐藤花子」と改姓するのではなく「鈴木花子」のままであるということです。ただし，養子縁組後に「鈴木一郎」さんと離婚すると「佐藤花子」になる（「山田花子」には戻れない）ということを規定しています（注　離婚後にも「鈴木花子」は続称できます）。

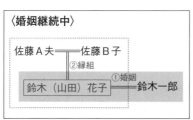
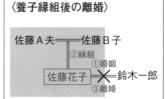

養子縁組による扶養義務の発生

養子は，縁組の日から，養親及び養親の血族との間に血族間におけると同一の親族関係が生ずるので，養親は扶養義務を負います。他方，養子縁組をしないと，同居生活をしていても，直接的な法的関係（扶養義務）は発生しません。ただし，事実上の共同生活を継続して送っていた場合には，例外的に黙示の委任や事務管理といった民事的な責任や義務が発生する場合があり，そのときには扶養を継続しなければなりません。

養子縁組関係のある遺言作成の留意点

縁組時期による代襲相続人の資格の有無

養子の場合，養子縁組の前後で代襲相続人となるかどうかの扱いが異なります。

養子縁組は法的には実親子と同様に扱われますが，注意すべきことは**代襲相続人となるかどうかは養子縁組の時期によって異なる**ということです。

被相続人の子の子（孫）が代襲相続人となるためには，その子が**被相続人の直系卑属**でなければなりません（民法887条2項ただし書）。したがって，被相続人の子が養子で，その**養子に縁組前に出生した子**がある場合には，その子は養親との間に法定血族関係がなく，直系卑属に当たらないので（民法727条），代襲相続権が認められません。

代襲相続人の要件を欠く場合における予備的遺言の書き方（具体例）

被相続人の子が養子で，その養子の縁組前に出生した子がある場合，例えば，図の養子一郎の子の二郎が養子縁組前に生まれた場合，二郎は一郎の代襲相続人にはなれません。

そこで，清が，一郎が先に亡くなること（二郎に相続分を帰属させること）を考

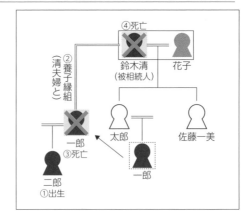

えて予備的遺言を作成する場合，「**一郎が清の死亡以前（同時を含む）に死亡した場合には，一郎に相続させるとした財産を二郎に遺贈する**」と記載しておけば，二郎は一郎の相続分が遺贈されることになります。

したがって，清は，子一郎が先に亡くなった場合を想定して，自身がどのような結果を希望するのかという点を考慮した上で予備的遺言の内容を決める必要があります。

📝 文例─遺言者の孫との養子縁組の例

【文例27】　養子縁組した遺言者の孫に相続させる例

> 第○条　遺言者（鈴木清）は，その所有する資産の中から金○○○万円を遺言者の養子（長男太郎の子）鈴木一郎（平成○年○月○日生）に相続させる。

【文例28】　養子縁組前に生まれた子に相続分を与えるため予備的遺言を残す場合

> 第○条　遺言者（鈴木清）は，その所有する資産の中から金○○○万円を遺言者の養子（長男太郎の子）鈴木一郎（平成○年○月○日生）に相続させる。
> 2　一郎が遺言者の死亡以前（同時を含む）に死亡した場合には，一郎に相続させるとした財産を二郎に遺贈する。

【文例29】　孫養子を含めた相続人に均分に相続させる例

> 第○条　遺言者（鈴木清）は，その所有する全ての財産を遺言者の長男鈴木太郎（昭和○年○月○日生），遺言者の長女佐藤一美（昭和○年○月○日生）及び遺言者の養子（長男太郎の子）鈴木一郎（平成○年○月○日生）の三名に均等に（3分の1ずつ）相続させる。

失敗しないためのポイント

☑　養親子には相互に扶養義務はありますので，生活に困る状況にあれば相互に助け合わなければなりません。

☑　養子縁組をしても「離縁」することができます。

epilogue　養子になると，養親から実子と同じように相続権が発生し，遺留分も同様に認められますので，他に子ども（実子）がいれば，実子の相続分や遺留分にも影響（減ることになる）があります。

第4　養子縁組・ステップ

ステップファミリーや
きょうだい間の多様な関係

 prologue　ステップファミリーと呼ばれる関係が近年増えています。婚姻した夫婦の3組に1組が離婚するといわれている中で，離婚後に子を伴って再婚することもあり，また再婚しないまでも，子どもを連れてパートナー（相手）の子どもと一緒に共同生活することも増えています。

　本ケースでは，このようなステップファミリーときょうだいの関係についても考えてみましょう。

🖐 ハナコとたけしの会話 ── ステップファミリー

 ステップファミリーって最近よく聞くけど，具体的にはどんな家族のことなの？

一般的には子連れ再婚家庭と言われることが多いけど，親の一方あるいは双方の新しいパートナーとの関係をもつ子どもがいる家族のことを広くいうみたいだよ。

 子連れで再婚した場合，新しいパートナーと子どもとの関係はどうなるの？

パートナーと子どもとは，一親等（姻族）の関係になるんだけど，養子縁組しないと相続権はないんだよ。

 新たなパートナーとの間に子どもが生まれた場合，子どもどうしの関係はどうなるの？

片親共通きょうだいになるよ。親子間の相続では，相続分は平等だよ。

解　説

> ステップファミリーは長い時間，それぞれの努力などを重ねて，新しい家族関係を築き上げる過程（プロセス）といえます。その先にある相続は，あまり重視されないのかもしれませんが，せっかく，新しい家族関係ができ上がったのであれば，相続でも両親共通きょうだいと同様の結果が生じるように，また，子連れ再婚した場合は（法的な）家族と同様の結果（法定相続と同じ程度）が生じるように，遺言を作成することなどが考えられます。

1 ステップファミリーと相続

ステップファミリーとは

　ステップファミリーとは，一言でいうと，親の再婚などによって継親子関係が生じた家族であり，「親の一方あるいは双方の新しいパートナーとの関係をもつ子どもがいる家族」[注]をいうとされています。

　離婚や死別により，子連れで再婚した結果，形成される家族が多く，血縁関係にない親子関係が少なくとも1組以上含まれているとされます。

（注）　野沢慎司・菊地真理『ステップファミリー』（株式会社KADOKAWA，2021）76頁

ひと言アドバンス

ステップファミリーの歴史

　1970年代以降，アメリカでは離婚と共に再婚が増大し，ステップファミリーという言葉が一般化し，日本でも，90年代に離婚・再婚の増大と共に増え，2001年には支援団体SAJ（ステップファミリー・アソシエーション・オブ・ジャパン）も設立されました。

　ステップファミリーは「子連れ再婚家庭」と呼ばれることもありますが，ステップファミリーには法律婚だけでなく事実婚カップルを含め多様な家族状況を包含できることが示唆されており，婚姻・縁組の有無も含め様々な形態があることを知りましょう。

第4　養子縁組・ステップ

養子制度の利用

　ステップファミリーにおいて，パートナーの連れ子と養子縁組する場合があります。

　連れ子と養子縁組する場合は縁組によって子どもの姓が変わります。一方で，パートナーと再婚しても連れ子と養子縁組しない場合，再婚相手の子どもの姓は子の氏の変更許可を家庭裁判所に申し立てしないと変更できません。

 再婚・出生等による片親共通きょうだいの発生

　近年，離婚後に，子連れで再婚する場合や，新たなパートナーとの間に子どもが生まれることが多く見られます。そのときには，片親共通のきょうだい関係が発生することが予想されます。片親共通きょうだいは，両親共通きょうだいの相続分（割合）の2分の1です（民法900条4号ただし書）。

4 **片親共通きょうだいの相続の遺言内容**
　　──少子化，超高齢社会の日本で

　配偶者も子どももおらず，親（祖父母）は先に死亡している場合，きょうだいが相続人となることが少なからず発生します。

　もし，きょうだい間相続において両親共通きょうだい（全血きょうだい）と片親共通きょうだい（半血きょうだい）とを平等に扱いたい場合，被相続人（きょうだい）は，生前にその相続分を全血，半血を問わず平等に指定する内容の遺言を作成しておく必要があります。

📑 文例―ステップファミリーのための遺言

【文例30】　再婚相手の連れ子（養子縁組なし）に相続分を与える場合

> 第○条　遺言者（佐藤一美）は，遺言者の所有する預貯金の中から金
> ○○○万円を佐々木桜子（平成○年○月○日生。住所遺言者と同
> じ）に遺贈する。

【文例31】　両親共通の姉の相続分と片親共通の弟の相続分を同じにする内容

> 第○条　遺言者（鈴木花子）は，遺言者の所有する全ての財産を遺言
> 者の姉山本月子（昭和○○年○月○日生）及び遺言者の弟川口洋平
> （昭和○○年○月○日生）の両名に均等に（2分の1ずつ）相続さ
> せる。

失敗しないための ポイント

☑　片親共通きょうだいであっても，両親共通きょうだいと同じような人間関係がある場合もあります。もしきょうだいに平等に相続させたいのであれば，遺言を作成し，その中で相続分を平等に指定する必要があります。

epilogue　ステップファミリーでは再婚した夫婦の一方が他方の連れ子と養子縁組をする，しないの選択がありますが，連れ子と養子縁組をしない場合には，再婚相手の連れ子は遺言者の法定相続人にはなりません（一親等の姻族関係）。また，遺言者のきょうだいが相続人となる場合，片親共通きょうだいと両親共通きょうだいとは法定相続分が異なるため，必要に応じて，それに代わる方法や対応を講じましょう。

第4　養子縁組・ステップ

case 13 推定相続人の廃除

> **prologue** 推定相続人の廃除は，相続資格を剥奪する制度ですが，相続資格の剥奪が認められるためには，廃除事由が存在することが必要です。
>
> 廃除が認められるのは，「虐待」「重大な侮辱」「著しい非行」があることと，それを家庭裁判所の審判手続で認められることが必要です。
>
> 被相続人が生前に廃除の申立てをする場合には，当事者ですから廃除の事情は分かりますが，遺言廃除においては，廃除の申立てをする遺言執行者が，よくその事情を理解していなければ，廃除の審判手続において廃除事由があることを主張立証することは難しいことになります。
>
> 遺言者の死亡後の調査には限界があります。そこで，遺言者は，廃除事由があることについて相当程度具体的に明らかにすることができるように生前から書面と証拠を準備，用意しておくことが重要です。

ハナコとたけしの会話 —— 暴行する子どもへの遺言廃除

 友人の二男が以前から父親に対し暴言を浴びせて侮辱したり，暴行を加えたりしているので，友人は，二男の相続人の地位をなくしたいと考えているらしいの。どのような方法があるの？

推定相続人を廃除するという制度があるよ。

 どのような制度なの？

推定相続人の廃除は，遺留分を有する推定相続人（二男）の被相続人（父親）に対する相続権（相続人たる地位）を剥奪する制度だよ。

 廃除するのは，いつでもできるの？

生前廃除と遺言廃除と二つの方法があるよ。

廃除が認められるのって，どのような場合なの？

民法では，推定相続人による被相続人への①虐待，②重大な侮辱，③推定相続人にその他の著しい非行があったときの3類型を廃除の事由として定めているよ。

 解　説

- 廃除の可否は，家庭裁判所が廃除事由の存否を判断し，審判により決します。
- 廃除事由を裏付ける客観的資料が必要です。

 推定相続人の廃除

　推定相続人の廃除は，推定相続人に**被相続人に対する虐待，重大な侮辱その他の相続的協同関係を破壊するに足りる著しい非行**があった場合に，そのことを理由として遺留分を有する推定相続人の当該被相続人に対する相続権（相続人たる地位）を奪う制度です。

　廃除は，遺留分権利者及びその承継人による遺留分侵害額請求の余地をなくす意義があります（民法892条）。すなわち，遺留分を有する推定相続人（配偶者，子，直系尊属）の取り分をゼロとする（遺留分の対抗を受けないようにする）ために，廃除により相続資格を奪うものです。

 **廃除の方法**

　廃除の方法として，生前廃除と遺言廃除があります。

第5　相続人の変動

生前廃除

被相続人は，生前に当該推定相続人の廃除を**家庭裁判所**に請求することができます。被相続人から廃除の申立てがあると，家庭裁判所は，被相続人の宥恕，推定相続人の改心等の諸般の事情を総合的に考慮して，後見的立場から，廃除事由に該当する事実の有無を審理し，廃除するのが相当であるか否かを判断することになります。

遺言廃除

被相続人は，遺言で推定相続人廃除の意思表示をすることもできます。遺言廃除では，遺言の効力が生じた後に，遺言執行者が遅滞なく相続開始地を管轄する家庭裁判所に廃除の申立てをして，審判が行われます（家事事件手続法188条1項ただし書・別表第1の86）。家庭裁判所の審査方法は，生前廃除と同じです。

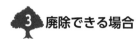 **廃除できる場合**

廃除事由の類型

民法は，廃除の事由として，推定相続人による被相続人への①虐待，②重大な侮辱，③推定相続人にその他の著しい非行があったときの3類型を定めています。

①**「虐待」**とは，被相続人に向けられた暴力や耐え難い精神的な苦痛を与えること，②**「重大な侮辱」**とは，被相続人の名誉や感情を著しく害すること，③**「著しい非行」**とは，抽象的な概念ですが，虐待・重大な侮辱という行為類型に該当しないものの，それに類する推定相続人の遺留分を否定することが正当といえる程度の非行であることを要するものとされています（名古屋高金沢支決平成2年5月16日家月42巻11号37頁）。例えば，犯罪，服役，遺棄，被相続人の財産の浪費・無断処分，不貞行為，素行不良，長期の音信不通，行方不明などが挙げられます。

ひと言アドバンス

廃除の遺言の記載内容

　遺言に「財産を一切与えない」「相続させない」との記載があっても，廃除意思の表明ではなく，相続分を零と指定した遺言にすぎないと解する余地もあります。したがって，廃除（相続資格の剥奪）の意思を遺言の中に明示する必要があります。他方，廃除（相続資格の剥奪）の意思が明示されていない場合には，廃除の意思表示に当たるかについては慎重に判断されることになります。

　なお，審判手続においては，推定相続人のその後の行状により被相続人に宥恕の意思が生ずることもありますので，廃除意思と廃除事由が存在するかについては慎重に認定することになります。

廃除事由の判断基準─相続的協同関係の破壊

　「虐待」「重大な侮辱」という要件は，「精神的な苦痛」といった主観的な要素が考慮されますし，また「著しい非行」という要件も抽象的ですから，前記各要件に当たるか否かの判断では，「相続的協同関係」を破壊する程度に重大なものであったことが必要となります。

　「相続的協同関係」というのは，裁判例などで用いられる法律用語であり，「家族的な共同生活関係」と言い換えられることもあります。要は，家族として一緒に生活をしたり，共同生活を営むことができなくなるほど，感情的，心理的，身体的，経済的な対立・衝突関係が生じているかどうか，またそれが一時的か継続的かという時間的要素，修復が容易か困難かといった深刻度なども勘案して判断されることになります。法文にある「虐待」「重大な侮辱」「著しい非行」というのは，それらを判断する際の判断要素（基準）となります。

4 廃除の手続

　民法は，相続資格の剥奪を認めるには合理性を要するという立場から，

第5　相続人の変動

家庭裁判所の審判という判断を経なければ，相続資格を剥奪することはできないものとしました。

申立て

申立人は，被相続人か遺言執行者に限られ，他の相続人が申し立てることはできません（民法892条，893条）。

遺言による相続人の廃除は，遺言執行者による審判請求を必要とします（民法893条前段）。

審理・審判

家庭裁判所における審理では，廃除を求める被相続人（親など）又は遺言執行者の申立人と，廃除を求められる推定相続人（子など）の双方から主張書面と証拠が提出され，最終的には審判によって廃除の可否が定められます。

ひと言アドバンス

家庭裁判所への廃除の申立て

家庭裁判所に対して廃除の申立をする場合の申立書には，「虐待」「重大な侮辱」「著しい非行」の廃除事由につき3類型の区別を意識し，被相続人と推定相続人間の従前のいきさつを主張するだけではなく，相続的協同関係の破壊を裏付けるに足りる事情を具体的に記載し，それを裏付ける客観的な資料が必要です。

 5 **廃除の効果**（廃除ができれば，安心か）

子が廃除されても孫が代襲相続できる

仮に家庭裁判所が廃除を認めたとしても，廃除された者（子どもなど）に当該被相続人の直系卑属（子どもであれば，孫）がいるときは，**代襲相続**が開始します（民法887条2項）。したがって，被相続人が被廃除者を

廃除しても，被相続人の財産は被廃除者は相続できませんが，その代襲者である直系尊属である孫が相続することになり，被廃除者の子に対する関係において相続資格を喪失させることはできません。ゆえに他の相続人の相続分が増えるわけではありません。

廃除の効果は相対的―父に廃除されても母の相続はできる

廃除を求める審判が確定すれば，廃除対象者は相続資格を喪失しますが，この効果は，特定の被相続人と被廃除者の間で生じるもので相対的なものです。例えば，父親の相続から子が廃除されても，その子は父親の相続が受けられないだけであり，その子は母親の相続はできます。

遺言廃除の効力発生は家裁の審判が必要

遺言による廃除の効力は，被相続人が遺言をした後に死亡しても，相続と同時に廃除の効果が生ずるものではなく，遺言執行者が当該推定相続人の廃除を家庭裁判所に請求し，これを認める審判が確定して初めて，被相続人の死亡の時に遡って廃除の効力が生じます（民法893条）。被廃除者は，廃除の届出がないときでも，当然に相続人の資格を失います。

廃除されると戸籍に記載される

廃除の審判が確定したときは，遺言執行者からの届出により被廃除者の戸籍の身分事項欄にその旨が記載されることになります（戸籍法97条，63条，戸規35条 8 号）。

また，廃除の審判確定前に被廃除者を含めて相続登記がされていた場合などでは，当該相続登記の更正の登記手続が必要となります[注]。

（注）幸良秋夫『第 3 版 相続法と登記』（日本加除出版，2018）55頁参照。

文例──推定相続人の廃除

【文例32】 長男を遺言廃除する文例

第○条 遺言者（鈴木清）の長男鈴木太郎（昭和○年○月○日生）が，遺言者を常に「馬鹿親父」「くそ」「死ね」などと罵り，暴言を発して侮辱していたところ，平成○年○月○日の夜には，遺言者の介護のことで口論となり，遺言者に対して「くそ親父。早く死んじまえ」などと暴言を繰り返した上で，遺言者に対してその手拳で顔面を数回殴るなどした。

そのため，遺言者は顔面打撲の傷害を負い，翌日から○○病院の整形外科に通院し，全治まで10日間を要した。そのとき，遺言者はとても悔しい思いをし，同病院の診断書を取り，○○銀行××支店の貸金庫の中にそれを保管している。

さらに，長男太郎は，その後もしばしば遺言者に暴力を加えるなど虐待も続け，さらに遺言者の△△銀行□□支店のキャッシュカードを勝手に持ち出して，平成○年○月から○月まで遺言者の口座から10回合計100万円を勝手に引き出して，遊興費や飲食費に使ってしまっている。

そのため，遺言者は長男太郎を遺言者の相続から廃除する旨の意思表示をする。

第○条 遺言者は，本遺言及び前条の廃除手続きを履行させるため，遺言執行者として下記の者を指定する。

遺言執行者は，上記の貸金庫内の診断書や△△銀行□□支店の遺言者名義の通帳，それから○○法務局所属公証人○○が令和○年○月○日に作成した遺言者の宣誓供述書[※1]（令和○年第○○号）を廃除申立手続において証拠として提出することを希望する。

記

氏 名 ○○○○
生年月日 昭和○○年○月○日
住 所 ○○県○○市○○町123番地の4
職 業 弁護士

※1 宣誓認証の制度
　公証実務においては，家庭裁判所における審判に備えて，当事者が遺言の記載を補充するための詳細な供述書を，遺言とは別に作成して，公証人の前で内容が

真実であると宣誓のうえで証書に署名，押印して，公証人に認証してもらうという宣誓認証も行われています（雨宮則夫＝寺尾洋『第3版 遺言・信託・任意後見の実務Q&A』（日本加除出版，2018）188頁ほか）。宣誓認証とは，当事者が公証人の面前で私署証書の記載が虚偽の陳述内容ではないという宣誓をした上で署名押印し，公証人がその旨を記載して認証するものであり，万一虚偽の内容であった場合には10万円以下の過料の制裁があります。

失敗しないための ポイント

遺言執行者への「引継ぎ」

　遺言による廃除においては，遺言執行者は，遺言に明確な廃除の原因が記載されていないときでも，廃除の原因を調査して廃除の請求をしなければなりません（家月8巻7号124頁）。したがって，遺言者は，相続開始が何年後になるかは正確には知り得ませんので，遺言執行者が後の審判において職務を行えるように，廃除の事由に関する主張の要点を書面にまとめ，虐待等を受けた当時の受傷の診断書や写真，警察への相談事実，日記，録音テープ，親族以外の第三者の目撃供述などの裏付け資料を，遺言とは別に残しておく必要があります。

第5 相続人の変動

epilogue　廃除は，遺留分を持つ推定相続人（例　子どもなど）に対しては相続権を奪うことができますので，効果は大きいと言えます。
　　　　　　ただし，廃除が認められるための要件があり，最終的には家庭裁判所の審判手続の結果に委ねられます。
　また，廃除の効果はそのような虐待や非行があった推定相続人との間に限られますので，その者に代襲相続人（例　孫）となる者がいれば，その代襲相続人（孫）への相続を止めることはできないので，結果として被廃除者の相続分を相続することになります。したがって，その効果は，限定的であると言えるかもしれません。

case *14* 遺言認知

 婚姻関係にない男女の間に出生した子（婚外子・嫡出でない prologue 子）は，その父または母が認知することができます（民法779条） が，普通は母親と子どもとの関係（母子関係）は「出産」から出生届の提出によって発生することなります。したがって，多くの場合は父親からの認知ということになりますが，この認知によって親子（父子）関係が成立します。

認知は，戸籍法の定める届出によって行われます（民法781条１項）。この認知は，生前に行われることもありますし，遺言によっても可能です。

本ケースでは，「遺言認知」を取り上げます。

✒️ ハナコとたけしの会話 ── 認知の遺言が見つかった場合

 遺産分割協議を始めた際に亡くなった父親の遺言を確認したら，その遺言には，婚外子の氏名が記されていて，その子を遺言により認知する旨が記載されていたという話を聞いたことがあるんだけど。

遺産分割の被相続人には奥さんはいたの？

うん。そうなのよ。

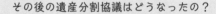 その後の遺産分割協議はどうなったの？

 家族らは冷静に考えたいということで遺産分割の話はストップしたみたい。

そうだよね。認知された子の登場で，家族関係に新たな混乱が生じることになってしまうね。認知がある以上，今後，認知された子を含めての遺産分割協議が必要となるし，認知により，相続人が増えることで相続分が異なるし，遺産の分け方も異なってくるからね。冷却期間は必要だったかもしれないね。

解　説

- 遺言認知は，市役所への届出によって効力が発生し，出生の時に
  遡って相続人としての地位を得ます。
- 遺言認知の前に遺産分割協議が成立している場合，金銭でその相続
  分を支払う必要があります。

 遺言認知するための方式

　認知は，戸籍法の定める届出によって行います（民法781条1項）が，
この場合，父子関係の証明はいらず，単なる届出によって認知の効力が
発生します（創設的届出）。認知は，遺言によって行うことができますが，
この場合，遺言者が死亡して遺言が効力を生じたときに効力が生じます
ので（民法781条2項），届出は報告的届出となります。

　遺言執行者は，遺言執行者として就職した日から10日以内に認知の届
出をしなければなりません（戸籍法64条）。

 遺言認知するための要件

　認知をするには，認知の法的効果を理解できるだけの意思能力が必要
です。父又は母が未成年者又は成年被後見人であるときでも，その法定
代理人の同意を要さず，認知をすることができます（民法780条）。これ
は，認知をすべきか否かは，本来，父又は母たる事実があるかどうかに
のみ係る事柄であり，意思能力がある限り，これを当人以外の法定代理
人である親権者や後見人が判断するのは相当ではないという理由により
ます。

 遺言認知した場合の効果

　認知によって法律上の父子関係が生じ，その効果は出生の時に遡りま
す（民法784条）。したがって，相続権や扶養義務などの法律上の親子と

しての権利義務が発生します。

遺言による認知（遺言認知）で大きな意味を持つのは，相続であり，他に子がいれば，子と同一の相続権を持つことになります。

 4 遺産分割手続終了後における遺言認知

遺産分割手続が終了した後に，遺言で認知が見つかった場合，価額による支払請求（民法910条）の問題が起きることになります。

文例—遺言認知

【文例33】 婚外子を認知する文例

> 第○条 遺言者は，山藤宮子（生年月日 平成○年○月○日，本籍 東京都○○区○○町1丁目23番地の4，住所 東京都○○区○○町5丁目6番7-809号）を認知する。
>
> 第○条 遺言者は，本遺言の遺言執行者として，山藤宮子の母山藤郁子（生年月日 昭和○年○月○日，本籍 東京都○○区○○町1丁目23番地の4，住所 東京都○○区○○町5丁目6番7-809号）を指定する。

ひと言アドバンス

遺言認知が難しい場合？

他の相続人への影響を考慮し，遺言認知をためらう場合に，遺言中で財産を「遺贈」することによって遺言認知と同じ目的を達成することはできます。ただし，認知の効果は相続だけにとどまらず，残された家族間の関係にも影響がありますので，留意が必要です。

epilogue　遺言者（父親）が，遺言により自身の子（婚外子）を認知する，ということは，配偶者（妻）が生存していて，その存在を知らなかった場合には，大きな波紋を呼びます。また実子（婚内子）がいる場合も更に波紋が広がります。当然，その認知によって相続分が減ることを意味します。

　一方，遺言者にとっては，その生存中は認知できなかったという内心忸怩たる思いがあるのかもしれません。それを最後に（遺言で）認知をしたい，認知をすることによって子どもの存在を明らかにし，相続にも加えたいという思いがあるのかもしれません。いずれにしても，相続人に大きな影響が及びますので，慎重に判断して遺言認知するかどうかを決定すべきでしょう。

第5　相続人の変動

case 15 介護などの恩に報いる遺言

prologue 　筆者は，遺言者（親）が，相続人である長女が自分に対して療養看護を尽くしてくれた貢献を考慮し，長女に対し寄与分を認め，他（長女以外）の相続人より遺産を多く取得させる内容の遺言を残したいとする相談を受けたことがあります。本ケースでは，親が長女の寄与分を遺言で決めることができるのかを検討します。

ハナコとたけしの会話 ── 家族介護のハードル

 終末期医療を受けていた友人が，人生の最後は自宅で過ごしたいと希望したことから，その気持ちを受けて長女が自宅で献身的に療養看護に尽くしたらしいのよ。

それは娘さんも大変だったね。

 介護した娘さんは何か報われることはないの？

そうだね。子が親を長期間にわたり療養看護をしたという事案では，療養看護型の寄与分として争点になった過去の遺産分割事件はたくさんあるね。

 高齢社会を背景に，また，疾病を抱えながらも病院や施設に入らずに自宅で，家族による介護を受けている人も沢山いるようね。

自宅で高齢の親に対し入浴，排泄などの介助を行うことは身体的にも精神的にも負担が大きいよね。

 そういったお礼の意味で遺言を残してあげられないの？

子どもから受けた療養看護に報いる目的で「子の寄与分として○○○万円と定める」旨の遺言を残すことはできないとされているんだよ。

 困ったわね。その代わりに何かよい手立てはないのかしらね。

解　説

特定の相続人の寄与分を遺言の中で決めてしまうことはできません。
寄与を考慮した相続分の指定や遺贈を検討しましょう。

 寄与分を遺言では定められないこと

　遺言をもって，相続人の寄与分を定めることはできないと解されます
（消極説）。もっとも，被相続人は，遺言により相続人の特別の寄与に報
いる趣旨を掲げて（寄与分を考慮して）相続分を増やしたり，遺贈すると
いうことは遺言の中でできます。

文例—子の寄与に配慮した遺言

【文例34】　子の療養看護，介護への貢献に配慮した文例

> 第1条　遺言者（鈴木清）は，遺言者の所有する預貯金のうち，遺言
> 　　者の長女佐藤一美（昭和○年○月○日生）にその7割を，遺言者の
> 　　長男鈴木太郎（昭和○年○月○日生）にその3割をそれぞれ相続さ
> 　　せる。
> 　　なお,[注]遺言者がこのように相続分を決めたのは，遺言者の生前
> 　　に長女一美が仕事を辞めて親身になって遺言者の身の回りの世話を
> 　　行い，介護をしてくれたことを考慮したからである。

（注）　本文中に付言の代わりに「なお書」として，理由や動機を書いても差し支えあり
　　ません。

失敗しないための ポイント

　相続人の貢献に応え，同人に対し応分の財産を与えたい場合には，生前贈与，遺贈，相続分の指定をするといった方法をとることができます。

epilogue　特定の相続人の寄与分を考慮した遺言を作成すると，相続人間で格差が生じますので，その影響を慎重に考慮しましょう。相続人の貢献を考慮したい場合には，応分の財産を与えたことについて，持戻し免除の意思を明らかにしておくと，死後の紛争を予防し，または鎮静化させることができます。

column　配偶者に対する療養看護による寄与分の認定

　配偶者に対する療養看護は，夫婦の協力扶助義務（民法752条）に含まれると考えられますので，原則として，社会通念上，配偶者による通常の看護の程度を超えた特別な寄与であると認めることは難しいと解されています。

　しかしながら，高齢の配偶者が長期にわたり重度の要介護度認定を受けている被相続人（配偶者）に対し，その症状に応じた療養看護を尽くしたという事例においては，看護期間，内容，要看護状態，配偶者の年齢等に照らし，社会通念上，配偶者による通常の看護の程度を超えた特別の貢献があったとして，寄与分が認められる場合もあると思います。

　高齢者が高齢者を介護するという「老老介護」が多くなる場合には寄与分が問題となると思われます。

case 16 生前贈与を特別の取り分として与える遺言

 被相続人（親）は，何人かの推定相続人のうち一人の子に対する思いから，その子に対し特定財産を生前贈与したり，遺贈したりすることがあります。被相続人が死亡した場合，残余財産について遺産分割が行われることになりますが，その際，その子への生前贈与や遺贈は特別受益となり，残余財産に生前贈与などの特別受益分が加算されます。これを「持戻し」といいます。

もっとも被相続人は，この持戻しを避けるために，残余遺産における遺産分割において，特定の相続人に対する生前贈与や遺贈を特別受益として扱われることを希望せず，「持戻しを免除する」との被相続人の意思を記載した書面を残すことができます。この持戻し免除の意思表示は，生前贈与や遺贈をその者の特別の取り分として与えようとする被相続人の意思を示すものです。

🖐 ハナコとたけしの会話 ── 介護のお礼は遺言に示せる？

自営等の貢献や親への介護は大変だという話をよく聞くけど，例えば，長女に対し，介護などに尽くしてくれたお礼の気持ちを表すにはどうすればよいの？

いろいろ方法はあると思うけど，そのお礼の気持ちとして生前贈与をすることが考えられるね。

その生前贈与は長女のプラスになるの？

何も手当てをしないと持戻しとなるから，生前贈与分は控除されて，相続分が計算されることになるけれど，生前贈与についての持戻しを親から事前に免除しておいてもらえるとよいかな。

その生前贈与の持戻しを免除する方法って，どうしたらいいの？

持戻しの免除の意思表示の方式に特別の定めはないし，贈与と同時である必要もないから後からでもできるんだよ。持戻しを免除する旨の一文が記された書面による方法（遺言）があるみたいだよ。

第6 相続分の変動

解 説

> 家業等に長年貢献してくれたり，介護などに尽くしてくれた相続人に
> 対し，特別の取り分を与えたい希望がある場合，遺言で明確に持戻し
> 免除の意思を表示しましょう。この持戻し免除の意思が表示されてい
> ると，相続人は被相続人の真意を知ることができ，紛争を防ぐことが
> できます。

 「特別受益の持戻し免除」の方式

　特別受益の持戻し免除については，特別の方式はなく，明示であって
もよいし，黙示であってもよいと解されています。また，生前行為によ
るものでも，遺言によるものでもよいと解されています。[注]

　しかし，黙示ではそれが認められない可能性もありますので，確実に
するのであれば，書面などによって明示的にその意思を表明しておきま
しょう。

(注) 潮見佳男『第2版 詳解 相続法』(弘文堂，2022年) 215頁ほか。

 **問題の背景**

　被相続人が**全部相続させる遺言**（全財産を特定の相続人に対し相続させる
旨の遺言）をする場合は，全財産は被相続人の死亡と同時に受益相続人
にその権利が承継されることになります。したがって，遺産分割が問題
となることはなく，特別受益の持戻しが問題となることはありません。

　他方，被相続人が①生前贈与，②特定遺贈，③特定財産を特定の相続
人（子）に対し相続させる旨の遺言（**特定財産承継遺言**）をした場合には，
当該遺言の対象外の（残余）財産がありますので，残余財産について相
続人の間において遺産分割手続をすることが必要になります。この遺産
分割手続においては，生前贈与，特定遺贈や特定財産承継遺言の対象で
ある一部の財産についてその価額を持戻す（相続分を先取りしていると扱
う）のが原則です。

遺言による持戻し免除の意思表示

ところが，被相続人としては，この持戻しをすることを望まない場合があります。例えば，被相続人が，介護等に尽くした子（例　長女）に対し，意思表示によって特別受益者の受益分の持戻しを免除したいと考えることもあります（民法903条3項）。

この持戻し免除の意思表示は，遺言によって行われることもあります。遺言で行うとよいことは，遺言はいつでも変更や撤回ができますので，もし遺言者が持戻しの免除を望まないと考えが変われば，既に作成した遺言の中に記載してあったとしても，いつでも撤回することができるのです（ただし遺言の変更の手続によることが必要です）。

 持戻し免除の意思が記載されている遺言

遺言に持戻し免除の意思があることが記載されると，被相続人の真意が反映され，紛争を回避できるというメリットがあります。

文例―特別受益の持戻し免除

【文例35】　特別受益（特定遺贈など）の持戻しを免除する場合

> 第1条　遺言者（鈴木清）は，その相続開始時に所有する下記土地建
> 物を遺言者の長女佐藤一美（昭和○年○月○日生）に遺贈する。
> 記
> 　　土地の表示（略）
> 　　建物の表示（略）
>
> 第2条　遺言者は，その相続開始後，前条記載の土地建物以外の遺言者
> の遺産について遺産分割協議を行う際，前条記載の土地建物の価額
> を民法903条1項に規定する相続財産の価額に加えないものとする。
>
> 　付言
> 　遺言者が第1条で長女一美に不動産を遺贈すると決めた理由は，長

女が長年にわたり遺言者の事業に時間と労力を惜しまず尽くしてくれたことを考慮したからで，長女のお陰で遺言者が事業を継続でき，また不動産などの資産を持つことができたと言っても過言ではありません。

その御礼の意味も込めて長女に第1条の不動産を遺贈することにしました。そのため持戻し免除の意思表示も行います。他の相続人はそのことを理解してください。

失敗しないためのポイント

介護や面倒を見てくれる子どもに，他の子どもと比べて多くを分け与えたいという内容の遺言を作成する例は多く見られますが，それが他の相続人（子ども）との格差を生み，感情的なもつれにつながることもありますので，慎重に検討しましょう。

epilogue

遺産分割協議が紛糾し，事件が長期化してしまう要因の一つが特別受益の有無です。特別受益の認定とその持戻しによるみなし相続財産の算出と特別受益の控除をすることで，計算上の公平は確保できます。しかし，特別受益があったこと自体が紛争の火種となってしまうことを知りましょう。一方で，持戻し免除が認められた場合には，遺産の取り分の差が生じることになります。

相続人は，遺言者の意思が明らかであれば，取り分の差について不満があっても，その結果について少しは納得することができるものとなりましょう。遺言者は，相続人間の不公平感を鎮め，自身の死後における遺産分割での紛争を予防する観点からも，特別受益の持戻し免除の意思表示を明示することが必要となります。また，遺言者の気持ちなどを「付言」として別に明らかにしておくと，紛争を防ぐ効果があります。

祭祀承継

prologue　遺言者は，いざ遺言を作成しようとした際，自分の死後の問題に直面し，財産のことだけではなく，葬儀，遺骨，墓，先祖の祀りの方法などを考えます。祭祀財産は，従来の慣行や国民感情に配慮し，相続財産とは別のルールで承継されるものです。

ハナコとたけしの会話──「祭祀」をめぐるトラブル

最近，遺骨や仏壇の引渡しなどの祭祀承継に関連するトラブルも多いって聞くけれど，争われることになってしまう原因はどこにあるの？

民法では，祭祀は，財産相続とは別に扱っているので，遺産と同じように相続人間で分割されることはなく，遺言の中でも財産の帰属とは別に決めておかなければならないんだ。

祭祀承継が問題となる背景はどこにあるの？

祭祀は，家系，地域の慣習，宗教，信仰が関わるし，被相続人の意思，被相続人と当事者との生活関係，当事者間の対立関係，遺族の被相続人に対する慕情，愛情等も複雑に交錯するんだよね。家を中心とする墓祭祀の考え方から近親の追慕的な祭祀に移行しているといわれているよ。

祭祀承継って難しいのね。

祭祀承継者が生前又は遺言により指定されていない場合に，承継をめぐって紛争が起きることがあるんだよ。仏壇，過去帳，位牌や遺骨の引渡しなどは，特に当事者の感情的対立が激しいみたいだね。

解 説

> 遺言により祭祀承継者を指定する場合，遺言者と緊密な生活関係，親和関係があり，遺言者の意思を実現してくれる信頼できる人は誰かということを見極めることが重要です。

1 祭祀財産

祭祀財産とは系譜，祭具，墳墓の3種類のものを指します。**系譜**とは，歴代の家長を中心に祖先以来の系統（家系）を表示する家系図などをいい，**祭具**とは，祭祀・礼拝に使用される位牌，仏壇などを，**墳墓**とは，遺体や遺骨を葬っている墓石・墓碑など設備をいいます。**遺骨**は「墳墓」とは異なりますが，祭祀と同様に扱われることになっています。

2 祭祀主宰者

祭祀財産は，祖先の祭祀の主宰者に帰属します（民法897条）が，祭祀の主宰者は，第1に，**被相続人（祭祀主宰者）の指定**により，第2に，**慣習**により，第3に，**家庭裁判所の審判**によって（民法897条2項，家事法39条，別表第2の11項）その承継が定まります。

 ひと言アドバンス

家庭裁判所での祭祀承継者の指定

祭祀承継者が定められていない場合，祭祀承継者指定は，家事事件手続法別表第2に掲げる事項として家庭裁判所による審判によって定める事項となりますが，その多くは，調停（付調停）により，関係者の合意により祭祀承継者が決められます。しかし，合意ができない場合には，審判事項として判断されることになります。

3 祭祀承継者の指定方法

　民法は，被相続人が遺言で指定しうると規定しています（民法897条1項）。つまり，法定の遺言事項ではありませんが，その指定は，生前行為でしても，遺言でしてもよいと解されています（通説）。遺言作成の公証実務では，遺言者の希望を公証人が録取して，公正証書遺言の作成の中でその指定を行います。

 4 祭祀承継者の人数

　祭祀財産は共同相続による承継になじまないとした民法897条の趣旨や文言に照らすと，祭祀承継者は一人であることが原則ですが，特別の事情があれば，祭祀財産の承継者を共同指定することも，祭具と墳墓の承継者を分けて指定することも可能であると解されています。

 5 遺言による祭祀承継者の指定

祭祀承継者指定の効果

　被相続人が遺言により祭祀承継者を指定すると，相続人に対し，承継者の指定が明らかとなります。

祭祀承継者の権利義務

　遺言で祭祀承継者を指定した場合，祭祀財産を承継取得することになりますが，祭祀承継者は被相続人の道徳的宗教的希望を託されたのみで，祭祀を営むべき法律上の義務を負担するものではありません。したがって，それを拒絶すること（祭祀承継者とならないこと）もできます。

　承継者が祭祀の方法をどのような方式で行うかについては，祭祀承継者の判断（裁量）に委ねられていますので，特定の方法を強制できるものではありません。例えば，祭祀承継者の判断で依拠する宗教を変えてしまうこと（例　仏式→神式）もできることになります。

予備的遺言

　遺言で祭祀承継者を指定した場合であっても，遺言作成から遺言者死亡までに相当の年数が経過することがあります。例えば，遺言者よりも先に祭祀承継者として指定された者が死亡するという事態もあるのです。その場合に備える意味で，先に指定した者がなくなってしまった場合，次順位の者を指定しておくという予備的な指定を行うことが望ましいと言えます。

　文例―祭祀承継者を定める

【文例36】　祭祀承継者の指定

（主位的祭祀承継者の指定）
第1条　遺言者（鈴木清）は，遺言者及び祖先の祭祀を主宰すべき者として，遺言者の長男鈴木太郎（昭和○年○月○日生）を指定する。
　　　遺言者は，長男太郎に○○霊園にある墓地，系譜，祭具などの祭祀用財産を承継させる。
（予備的祭祀承継者の指定）
第2条　遺言者は，長男太郎が，遺言者よりも先に又は同時に死亡した場合は，遺言者及び祖先の祭祀を主宰すべき者として，遺言者の孫（長男太郎の子）鈴木一郎（平成○年○月○日生）を指定し，前条の祭祀用財産を同人に承継させる。

失敗しないためのポイント

　祭祀承継者を定めたからといって，祭祀承継者には法律上，祭祀の義務まで負わされるものではありません。また，祭祀をどのような方式で行うかは祭祀承継者の自由な判断によるものです。したがって，遺言者の希望が全て実現できるというわけではないということを知っておいてください。

遺言者が遺言の中で，お墓や死後の扱いについて希望を書き記しておくことでその意思が伝わり，祭祀承継者や相続人等がその意思を尊重して取り扱ってもらえることが期待されます。

---

column ✒ 家庭裁判所が審判により祭祀承継者を指定するに当たっての判断基準（裁判所の考え方）

　祭祀承継者を指定するに当たっては，「承継候補者と被相続人との間の身分関係や事実上の生活関係，承継候補者と祭具等との間の場所的関係，祭具等の取得の目的や管理等の経過，承継候補者の祭祀主宰の意思や能力，その他一切の事情（例えば利害関係人全員の生活状況及び意見等）を総合して判断すべき」であり，「祖先の祭祀は…死者に対する慕情，愛情，感謝の気持ちといった心情により行われるものであるから，被相続人と緊密な生活関係・親和関係にあって，被相続人に対し前記のような心情を最も強く持ち，他方，被相続人からみれば，同人が生存していたのであれば，おそらく指定したであろう者をその承継者と定めるのが相当である」（東京高決平成18年4月19日判タ1239号289頁）とする基準が参考となります。

case 18 葬儀，お墓，埋葬供養

prologue 　終活をする際に考える事柄として，葬儀の方法が挙げられます。最近は，超高齢社会と価値観の多様化によって，悼む友人の減少，地域住民との関わりの希薄化，感染症拡大等の事情もあり，葬儀をしない（直葬）としたり，家族だけの簡素な葬儀にする傾向にもあります。また，遺言者とその家族の希望に添う葬儀方法も多様化しています。

　自身の葬儀の方法についての考え方は，個人によって様々ですが，いろいろな希望を持っている人も少なくありません。例えば，①葬儀や告別式を行わない，②特定の宗教による葬儀をして欲しい，③先祖の墓に入りたくない，④配偶者の先祖代々の墓ではなく，自分の実家のお墓に埋葬されることを希望する，⑤散骨して欲しい，⑥永代供養をして欲しい，などなどです。

🖐 ハナコとたけしの会話 ── お墓と葬儀の最新事情

 最近，葬儀についての雑誌の特集記事が多いけど，高齢者は葬儀としてどのようなことを希望するの？

葬儀をする・しない，葬儀をするとして特定の宗教によりたい，先祖代々の墓に入りたい・入りたくないなどがあるみたいだね。地域によっては冠婚葬祭にこだわる家もあるから，よくよく自分の希望を考えておいた方がいいよね。

 わたしの友人は，夫と一緒のお墓には絶対入りたくないって言っていたわ。

夫はいいけど，夫の両親と一緒は嫌だと言う人もいるようだね。

 生涯独身で身内の者がいない人などの，いわゆるおひとりさまは，自身が亡くなった後のことは，どのようにしたらいいの？

お寺などに永代供養を頼むことを考える人もいるね。

 最近，散骨や樹木葬などを希望する葬儀の内容が多様化しているのね。

解　説

- 葬儀をどのような方法で行うかについては祭祀承継者の判断に委ねられています。葬儀や埋葬の希望を実現してくれる相手の選択についても慎重に判断しましょう。
- 祭祀の希望を実現するために，生前から希望を伝えたり，付言に記載するなどしたり，負担付き遺贈，死因贈与，遺言執行者の選任，祭祀主宰者の指定，死後事務委任契約を締結するなどの方式を使うことで履行を確保しておくことも選択肢として重要となります。

葬儀や告別式を行わないことを希望する場合

　核家族化，高齢化，近隣地域との関わりの希薄化，葬儀費用の軽減といった各種の要請や状況変化によって，葬儀や告別式を執り行わない直葬や，行うとしても家族葬を希望されるケースが多くなっています。

　葬儀に関する希望は，遺言の付言事項として記載されますが，遺言とは別に葬儀に関する希望を記した書面（エンディングノート）を作成し，その存在を家族や友人に知らせておくことも大切な意思伝達手段となります。

特定の宗教法人に祭祀を依頼する場合

　高齢者が○○○宗等という特定宗教の信者や檀家などである場合，生存中にその宗教法人との間において，祭祀につき委任契約を締結する方法があります。この場合，契約が締結されているので，受任者である宗教法人が履行義務を負うことになり，高齢者の希望は実現できます。その履行を確保する方法として，次のようなものが考えられます。

遺贈及び死後事務委任契約

　遺言者が，生存中に，宗教法人に対し，死後の祭祀等を依頼するとともに遺言で，財産の一部を遺贈する方法です。宗教法人は，契約内容を

第7　祭祀・家じまい

履行する契約上の義務が生じることになります。

死因贈与及び死後事務委任契約

　本人が，生存中に，宗教法人に対し財産の一部を寄付する死因贈与契約をするとともに，死後の祭祀等を依頼する方法です。宗教法人には，死因贈与契約と死後事務委任契約に基づき契約内容を履行する契約上の義務が生じます。

 先祖の墓に入りたくない場合

　亡くなる人の意思を実現するためには，散骨や樹木葬などにするのか，永代供養を依頼するのかなどについて，相続人や，死後のことを委任する人に具体的に希望を述べておくことが必要です。

 配偶者の先祖代々の墓ではなく，自分の実家のお墓に埋葬されることを希望する場合

　亡くなった人の遺骨がその実家のお墓に埋葬されることになるか，配偶者のお墓に埋葬されるかは，祭祀主宰者となる人が配偶者の親族と協議し，実家の墓の祭祀承継者が同意するかどうかにより，埋葬の可否が決められることになります。実家のお墓に埋葬されることも簡単ではありません。

 散　骨

　散骨とは，火葬場で焼いた遺骨（焼骨）を粉状（遺灰）にして，遺灰を海や大地に撒いて自然に還す葬送の一方法です。亡くなる人が自然回帰の願望や墓の世話につき遺族に迷惑をかけたくないという気持ちから行われることが多いようです。

　また，散骨場所が，例えば，海であれば，○○○○ブリッジから○○の方角に約○○○メートル離れたところというように地点が明示されま

すので，その地点で亡くなる人が眠っているという遺族の追慕感にも沿うものです。ただし，散骨が禁止されている場所もありますので注意が必要です。

散骨は，社会的習俗としての宗教的感情を害することがなく，かつ，社会的な常識の範囲内で行われる限り許容されるものと解されています。

なお，海洋散骨においては，散骨に伴う風評被害等が考慮され，散骨する場所，地点につき海域規制が設けられています。

また，最近，樹木葬（墓地として許可された場所に遺骨を埋め，樹木を墓標として埋葬する方法）も霊園等において行われることも多くなっているようです。

 6 永代供養

生涯独身の人，子がなく身内がいない人においては，永代供養墓に入ることや，先祖代々の墓を永代供養墓に改葬することを検討することがあり得ます。

 7 祭祀の希望を実現する方法

死後事務委任契約による方法

亡くなる人が生存中に，法要等の実施主体との間において，委任契約を締結する方法があります。この場合，契約が締結されているので，受任者は履行義務を負うことになり，亡くなる人の希望は実現できます。

負担付き遺贈（負担付き死因贈与）による方法

遺言の内容に一定の拘束力を持たせる工夫として，預貯金等の財産を遺贈し，その遺贈の負担として，遺言者の葬儀・埋葬の実施を定め，受遺者に対し一定の拘束力を持たせるという方法もあります。負担の義務を履行しないと，遺贈が取り消されるという拘束力があります（民法1027条）。

遺言の付言による方法

　祭祀承継者を指定した上で遺言者の希望を付言に記載する方法があります。

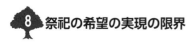 **8 祭祀の希望の実現の限界**

　遺言の中で自身の葬儀に関して希望する内容を記載していても，それは法的に「記載された通りに執り行わなければならない」という強い義務を発生するものではなく，多くは宗教的，道義的な意味合いを持ちます。祭祀承継者がどのような方式で祭祀の方法を行うかについては，祭祀承継者の判断に委ねられているといえます。

9 遺言執行者（死因贈与執行者）の指定

　遺言執行者は，遺言者の意思を実現するために職務を行うので，祭祀承継者の指定についての遺言がある場合，遺言執行者は，祭祀承継者として指定された者に対し，祭祀不動産（墳墓等）・祭祀動産（仏具や祭具等）を移転・引き渡さなくてはいけません。[注]

（注）　第一東京弁護士会司法研究委員会編『新版 遺言執行の法律と実務』（ぎょうせい，2004）203頁参照。

📑 文例──葬儀，祭祀，埋葬

【文例37】　葬儀や告別式を行わないこと（直葬）を希望する場合の文例

> 第○条　遺言者（鈴木清）は，遺言者の死後，宗教的，習俗的な儀式としての葬儀（又は社会通念上の葬儀）及び告別式を執り行うことは希望しません。
> 　遺言者の遺骨は，火葬後に遺言者が契約してある○○霊園内の墓地（○○区○○列○○番）に直接埋葬してください。

【文例38】　葬儀等の希望を実現する方法の文例①（付言による方法）

> 付言
> 　遺言者及び祖先の祭祀承継者の鈴木太郎には，遺言者の葬儀・埋葬を含めて祭祀のことをすべて任せます。葬儀後の法要については，初七日，四十九日，一周忌，三回忌，七回忌，十三回忌，十七回忌を執り行い，十七回忌で弔い上げとしてください。

【文例39】　葬儀等の希望を実現する方法の文例②（死後事務委任契約による方法）

> 　委任者　鈴木　清（以下「甲」という）
> 　受任者　山寺宗一（○寺住職）（以下「乙」という）
>
> 第1条　甲は，乙に対し，甲の死後の次の事項を委任し，乙はこれを引き受けた。
> ⑴　甲の葬儀，埋葬に関する事務
> ⑵　甲の初七日，四十九日，一周忌，三回忌，七回忌，十三回忌，十七回忌の法要実施に関する事務
> 第2条　乙は，本件受任に係る事務を，乙の判断で第三者に委任することができる。
> 第3条　甲は，第1条の事務に要する費用として，本日金○○万円を乙に預託し，乙はこれを受領した。
> 第4条　甲は，乙が前条の預かり金を甲の十七回忌が終わるまで第1条の事務に要する費用のために預かることを認め，その費用支出後にもし余剰金が生じた場合には，乙に対して寄付（喜捨）する旨の合意をする。

【文例40】　葬儀等の希望を実現する方法の文例③（負担付き遺贈による方法）

> 第○条　遺言者（鈴木清）は，遺言者の所有する次の預金債権を，神野愛子（平成○年○月○日生。○○教会）に遺贈する。
> 　　　　○○銀行△△支店　普通預金　口座番号○○○○○○○○
> 2　神野愛子は，前項の遺贈の負担として，遺言者の葬儀，埋葬を以下のとおり実施することを義務とする。
> ⑴　遺言者の葬儀は，遺言者の信仰する○○○○宗の○○○○派の儀礼，方式に則って執り行うこと。

(2)　遺言者の遺骨は，○○教会にある墓地にて埋葬すること。

(3)　遺言者の7年後の命日まで追悼の儀式を執り行うこと，その後は納骨堂にて合葬をすることなど含めて神野愛子の判断に委ねる。

【文例41】　特定の宗教法人に葬儀等を依頼する場合の文例

第○条　遺言者（鈴木清）は，遺言者の所有する次の財産を宗教法人○○（所在　○○県○○市○○町12番地4）に遺贈する。
（財産の表示）
　　遺言者の預貯金，有価証券等の金融資産の中から金○○万円
2　○○宗教法人は，前項の遺贈の負担として，遺言者の葬儀，埋葬をその宗教法人の儀礼・方式に則って執り行う。

【文例42】　お墓，埋葬等についての付言の文例①（遺言者自身の墓を建立している場合）

付言
　遺言者の遺骨は，○○寺にある鈴木家代々の墓に埋葬するのではなく，○○市所在の○○霊園に遺言者及び配偶者のために建立予定の墓（○区画○列○番）に埋葬してください。

【文例43】　お墓，埋葬等についての付言の文例②（永代供養墓への埋葬を希望する場合）

付言
　遺言者の遺骨は，鈴木家先祖代々の墓に埋葬するのではなく，○○所在の○○寺の永代供養墓に埋葬してください。

【文例44】　お墓，埋葬等についての付言の文例③（樹木葬を希望する場合）

付言
　遺言者は，樹木葬を希望します。その場所の選定は祭祀承継者である妻花子に一任しますので，適切な場所を選んでください。できれば，富士山が見える場所が希望です。

【文例45】　お墓，埋葬等についての付言の文例④（配偶者の先祖代々の墓ではなく，遺言者の実家のお墓に埋葬されることを希望する場合の文例）

> 付言
> 　遺言者（鈴木花子）の遺骨は，鈴木家先祖代々の墓に埋葬するのではなく，○○県○○市○○町○○寺にある遺言者の実家（川口家）のお墓に両親らと一緒に埋葬してください。

【文例46】　お墓，埋葬等についての付言の文例⑤（散骨を希望する場合の文例）

> 付言
> 　遺言者は，遺言者の遺骨を灰にして，○○灯台の沖合の海上に散骨することを希望します。

失敗しないためのポイント

　葬儀，お墓や菩提についての考え方の変化，少子高齢化もあり，宗教法人に祭祀を依頼することが減少していく可能性もあり得ます。そこで，葬儀などを依頼する場合には，血縁や地縁ばかりではなく，依頼する相手（法人など）の「経営基盤」についても確認しておく方が安心です。

epilogue　遺言者は，終活を検討するなかで，自らどのような方法による葬儀を希望するのかを検討しておくことが重要です。

第7　祭祀・家じまい

case *19* 墓じまい

　　　　最近，永代供養墓を設ける寺等が多くなっています。これは，価値観や社会構造の変化，核家族化等により，「家の葬儀」「先祖代々の墓」という家中心の考え方から，故人に対する慕情，愛情，感謝の気持ちを表す所は墓に限るものではないという個（故）人中心の考え方への変化が背景にあります。

　また，墓を維持していくことが難しくなっているという事情もあり，墓についても合祀（合葬）や墓を作らない散骨を希望するケースも増えています。

ハナコとたけしの会話 ── お墓の管理と維持の難しさ

 先祖代々のお墓があっても，お墓を管理し維持していくことは大変だと聞くよね。

 そうだね。墓のある場所から遠くで生活していたり，墓のある実家は別の兄弟がいるというような場合に，なかなかお墓参りにも行けないし，将来的にどうしようという話を聞くよね。

 友人の実家も，もう誰も住んでいない空き家になってしまっていて，家とお墓をどのように処分するか悩んでいたわ。

 それに，おひとりさまで墓の承継者がいない場合は，墓じまいをしなくはいけないことになるよね。

 墓じまいをするとしても，遺骨をどうするかということもあるし，お寺も積極的に協力してくれないこともあるから，この際，永代供養を検討したり，自分の死後の在りようを考えておく必要がありそうね。

解 説

墓じまいを他者に頼む場合，誰に頼むのか（信頼できるか）ということを決める必要があります。

 墓じまい

　墓じまいとは，現在ある墳墓を撤去して埋葬されている遺骨を取り出し，墓地を更地にして，当該墓地を管理している寺院等管理者に返却することをいいますが，墓じまいをするか否かは，祭祀承継者の判断に委ねられる事項となります。

2 墓じまいのための手続

　墓じまいを行うに当たっては，現在の墓地からの埋葬（納骨）証明書，遺骨の受入先（改葬先）からの受入証明書（使用許可証）の発行を受け，公営墓地または寺院等の永代供養塔への合祀や納骨堂への納骨においては，改葬許可申請を行うなどの手続が必要です。さらに墓石撤去等をして区画を更地にして返却するという作業も必要となります。

　なお，墓じまいをするためには，その墓地の管理者と協議をすることが必要になる場合が少なくありません。公営であれば問題になること少ないですが，寺院（僧侶など）では，墓じまいのために一定の金銭的な支払い（喜捨）を求められることが少なくありません。その経済的な負担についても事前に確認し，それを実施するかどうかを判断することが必要になります。

3 亡くなる人の意思を表す方法

　祭祀承継者が自分の死亡後に墓じまいを託したいと希望する場合には，遺言を作成してその付言の中に記載するのが有用です。遺言者は，その祭祀承継者に対し，墓の管理が将来的な負担になることを理解して，付言の中で，墓じまいをするか否かの判断を祭祀承継者に託し，その際，合祀などの遺骨の処理や墓じまいの手続の要領を記載しておくと，遺言者の希望に沿ってその死後に実施されることが期待できます。

　もっとも，付言は祭祀承継の法的な義務を定めるものではありません。しかし，遺言の中に遺言者の意思を明らかにしておき，祭祀承継者に

第7　祭祀・家じまい

その意思をできるだけ実現してもらうという希望を明確にしておくという意味があります。また，遺族の理解も得られやすくなります。

文例—墓じまいをする場合

【文例47】 墓じまい

> 付言
> 　祭祀承継者が墓じまいをする場合には，私（遺言者）の遺骨を含め，菩提寺である○○○寺にある永代供養塔に合祀してください。

失敗しないためのポイント

　遺言者が亡くなった後で墓じまいをしたいのであれば，合祀などの遺骨の処理や墓じまいの手続の要領を遺言の中に記載しておくと，遺族等もその意思を尊重し，その意思に従って墓じまいを実施することができますので，両者ともに安心です。

epilogue　生前から，葬儀と墓につき，「遺族に負担をかけたくない」という亡くなる人の思いと，「故人を偲びたい，弔いたい」という家族の思いと両立できる終活方法を検討しておくことも大切です。
　以前と異なり「先祖代々の墓」という概念は薄れつつありますし，その維持も少子化や核家族化によって困難になりつつあります。
　そのため，一定期間（例えば，十三回忌まで）が過ぎたら，そのときの祭祀承継者の判断に委ねる，合葬などもやむを得ない（無縁仏になるよりはましだ）という思いを示しておくことも必要になります。生前からその墓や法事のことなどについての考えや希望を伝えて，明らかにしておきましょう。その一つの方法が遺言の中（付言）に記載することです。

case 20 家じまい・空き家

prologue 子どもが独立した高齢者や一人暮らしの高齢者（おひとりさ ま）は，自宅が老朽化していることや自身の健康状態，将来の介 護の必要性などを考え，車椅子での生活を送るときのことや自分 が死んだ後の住まいについて検討することになります。空き家は，防災，衛 生，景観などで周辺住民との間にトラブルを生じさせますので，空き家を生じ させないためにも，家とその中にある家財を処分することが求められます。

ハナコとたけしの会話 ── 家じまいという選択

 最近，自宅を売却して老人ホームに入居した友人がいるけど，そ の理由を聞いたら，自分の健康状態を考えて老後の安定した生活 を考慮した結果だと言っていたのよ。

 家じまいをしたということだね。老後に頼れる子どもや親族がい ない人は，元気なうちに家じまいの準備を始めることが大切だよ ね。自宅を所有している人が認知症になり，処分する意思を確認 できなくなると，家の管理・処分をめぐりトラブルが起きるし， 家財道具も適宜処分しておかないと，ゴミ屋敷となってしまい， 死後の処分が本当に大変になると聞くよ。遺品整理についても， 残された人（遺族）に労力を強いることになるからね。

 家じまいをするときには，どのような選択ができるの？

 まず，生前の選択としては，自宅を必要に応じてリフォームして 最後まで住めるようする場合，自宅を売却して高齢者施設などに 入居する場合があるかな。 また，死後処分としては，死後事務委任契約，遺贈寄付，遺言の 付言などにより，家を処分することが考えられるかな。

 いろいろな選択肢があるのね。

解　説

- 家じまいについては，「誰かがやってくれる」「相続人がいるから心配ない」と考えずに，居住していた家の在りようを決めておきましょう。
- 遺言者が亡くなった後に決めたことが確実に行われるようにしておくことが重要です。

1 家じまいの必要性

　高齢者が建物を放置すると，建物が倒壊する危険が生じますし，また，建物内部のゴミの整理・始末ができずに，いわゆるゴミ屋敷の状態になると，地域住民の生活環境にも悪影響を及ぼします。

　高齢者は，老後における自身の健康状態，生活状況，介護の必要性などを考慮して，家じまいの方法を検討することが大切です。

2 生前の選択

リフォームや建て替え

　自宅を必要に応じてリフォームや建て替えをして最後まで住む方法があります。その場合，死後の建物の処分を遺言により定めることが求められます。

　リフォーム，建て替えの程度，費用については，自身の健康状態，介護度を考慮して，どの程度費用をかけるかを検討することになりましょう。

自宅を売却して高齢者施設などへの入居
●施設の選び方

　高齢者施設には，特別養護老人ホーム，介護老人保健施設，介護療養型医療施設，介護付有料老人ホーム，住宅型有料老人ホーム，サービス付高齢者向け住宅など，多様なものがあります。

　入所を検討するに際しては，入所費用（一時金，施設利用料，食費，介

護費用，管理費など），施設の清潔さ，職員の対応などを検討することになります。

●譲渡所得税賦課の考慮

　個人の自宅を売却した場合，譲渡所得税が課されることに留意しましょう。

　譲渡所得税は，不動産などの資産を売ったときの譲渡取得に対して事業所得や給与所得とは分離して課税される分離課税の一つです。令和5年1月1日現在の計算方法は，長期譲渡所得（譲渡日の属する年の1月1日において所有期間が5年を超えている場合）においては，所得税15％に復興特別所得税0.315％，住民税5％が加算され，合計20.315％となります。短期譲渡所得（所有期間が5年以下の場合）においては，所得税30％に復興特別所得税0.63％，住民税9％が加算され，合計39.63％が課税されることになります。

　もっとも，不動産の譲渡所得については，居住用財産の3000万円の特別控除と10年超所有の場合における軽減税率（租税特別措置法35条，31条の3），特定の居住用財産の買換え等の特例（同法36条の2），空き家に係る譲渡所得の特別控除の特例（同法35条）があります。

3　死後に意思を実現する方法

　亡くなる人が，死後のこと（死後事務）を誰かに託したいと考えたり，遺贈（寄付）等をする場合には，生前に死後事務委任契約を締結したり，遺言の中で遺言執行者を指定し，亡くなる人の意思を死後に実現できるよう工夫をするとよいでしょう。

死後事務委任契約

　弁護士その他の専門家に家財の処分，その他の死後事務を依頼し，その処理を委任する方法（契約）です。契約ですので，近親者や周囲にいる人の好意に頼るよりも，確実に実現できる可能性が高まります。ただし，専門家に仕事を依頼するためにはその報酬（料金）の支払いが必要になるのが通例です。

遺贈（寄付）

社会貢献活動をする法人等に対する遺贈（寄付）をする方法です。

付 言

遺言の付言として家の処分や遺言者の希望などを記載する方法です。

 空家等対策の推進に関する特別措置法（参考）

平成27年2月から施行されている「空家等対策の推進に関する特別措置法」によれば，空家等の所有者や管理者は周辺の生活環境に悪影響を及ぼさないないように空家等の適切な管理をする努力義務があるとされ（空家特措法3条），市町村は，放置すれば倒壊等著しく保安上危険となるおそれがある等の特定空家等の所有者等に対して，除却，修繕，立木竹の伐採等の措置の助言又は指導，勧告，命令ができ，さらに行政代執行法による強制執行（場合によると取壊しも）も可能とされています（空家特措法14条）。

令和5年4月から施行された改正民法

(1) 所有者不明土地の問題

所有者不明土地とは，住民票，戸籍調査等の追跡調査を行っても所有者又はその所在が分からない土地を意味しますが，ここでは権利やその名義（登記）が放置されることによって生じる法的な管理不全が問題となります。

(2) 所有者不明建物管理命令

令和3年の民法改正（令和5年4月1日施行）では，裁判所は所有者不明建物について，利害関係人の請求により，当該建物を対象として，所有者不明建物管理命令をすることができるものとしました（民法264条の8）。

(3) 管理不全建物管理命令

　　所有者が知れていても，倒壊等のおそれがある管理不全建物について
は，所有者不明建物管理命令では対応できないことから，令和 3 年民法
改正により，裁判所は所有者による建物の管理が不適当であることに
よって他人の権利又は法律上保護される利益が侵害され，又は侵害され
るおそれがある場合であって，必要があると認めるときは，利害関係人
の請求により，当該建物を対象として，管理不全建物管理人による管理
を命じる処分（管理不全建物管理命令）をすることができるものとされ
ました（民法264条の14）。

文例—自宅の処分

【文例48】 自宅の処分

　第1条　遺言者（鈴木清）は，その自宅の土地及び建物を後記の遺言
　　執行者に処分，売却をさせ，その売却代金から売却のための必要費
　　用，税金，遺言者の生前債務，葬儀費用等並びに遺言執行に必要な
　　費用及び遺言執行者の報酬を支払わせ，その残余金につき遺言者の
　　親族佐藤次郎（昭和○年○月○日生）及び公益財団法人○○化学研
　　究室（現理事長○○○○。所在地　○○県○○市○○1-2-3）
　　にそれぞれその各2分の1を遺贈する。
　第2条　遺言者は，本遺言の執行者として弁護士大木武（昭和○年○
　　月○日生。△△弁護士会所属）を指定し，本遺言の執行のために必
　　要な一切の権限を付与する。なお，第1条記載の財産を売却するた
　　めに必要となる不要品の処分，測量，仲介業者への依頼その他換
　　価・売却及び明渡しに必要な権限も付与する。
　2　前項の遺言執行者に対する報酬は，第1項の不動産の処分代金の
　　○％とする。

付言
1　遺言者の自宅を処分した代金の2分の1を親族の佐藤次郎に遺贈
　するとした趣旨は，同人に遺言者の法事を十三回忌まで執り行って
　欲しいからです。十三回忌が終わったら合葬や墓じまいして構いま
　せん。宜しくお願いします。
2　公益財団法人○○化学研究室に遺贈した趣旨は，遺言者がその子
　を○○の難病のために夭逝させてしまったからです。同法人におか

れては，同病の治療方法の発見，開発のために寄付金を有効に活用
してください。

失敗しないための ポイント

　生前の家じまいにおいては，多様な選択肢の中から，高齢者の健
康状態，介護の必要性，介護の態勢，予算，居住したい地域を考慮
して新住居を選ぶことになります。死後の家じまいについては，死
後事務委任契約，遺贈（寄付）などにより，家じまいが実現できる
よう工夫をすることが大切です。

epilogue　　空き家が生じる要因としては，建物所有者の相続が開始した
が，相続人がいない場合，相続人はいるが，遺産分割協議が成立
せず放置されている場合，建物の固定資産税の負担等もあり，相
続人が取得を希望せず，押し付け合う場合などが挙げられます。
　空き家を放置すると，防災，衛生等において近隣住民に迷惑をかけますか
ら，遺言をするに当たっては，空き家を生じさせないようにすることが大切で
す。

case **21** ペットの世話の依頼

> **prologue** 　一般社団法人ペットフード協会によると，犬も猫も平均寿命は15歳前後ですので，70代以上の人が犬や猫を生後すぐに飼い始めることは，自身の平均余命と比較すると，ペットの方が長生きするということを考えてみる必要があります。また，既に60代から飼い始めている人は，飼い主とペット双方が「高齢化」していくということになります。そこで，飼育者がペットの世話をすることができなくなることを考えておかなければなりません。

🕊 ハナコとたけしの会話 ── ペットの看取りと終活

 私の知り合いで，猫と一緒に一人暮らしをしている人がいるのだけど，ときどき「ペットのことが心配で，死ぬに死ねない」と言っているのよね。

 ペットは家族の一員と捉える傾向が近年はより強いから，ペットに対する愛着は強いよね。ペットを飼うのは，癒し効果があったり，認知症予防にも効果があるみたいだけど，生き物だから，その扱いには気を配らないといけないんだよね。
ところで，飼い主が病気になったり，旅行に行くときには，ペットはどう扱われているの？

 近所の動物病院に預かってもらっているようよ。

 旅行とか事前に計画されている場合なら対応できるけど，急に病気になったり，怪我して入院してしまうようなときには，ペットの面倒を見る人がいないってこともあるよね。
もし頼めるのであれば，家族や友達など他の人に面倒を見てもらうなど考えておいた方がいいよね。

🐦 解　説

> ・飼い主とペット双方の幸せを考えましょう。
> ・ペットの世話については，飼い主が元気なときに自分で判断して決めなければなりません。

🌳 1 ペットの価値や扱い

　ペット（犬，猫等）の飼育者は，ペットを家族の一員として生活を共にしていますが，ペットは，法律上は，権利義務の主体とはならず，「物」としか扱われていません。しかし，ペットは，物，すなわち他の財産（遺産）とは大きく違う面があります。それは，「生きている」ということ，衛生管理上の問題もあるということ，それに「単なる財産的な価値では評価できない」という，飼い主にとっての「主観的な価値」があることです。

　ペットに関する法的規制としては，動物の占有者等の責任（民法718条）のほかに，「動物の愛護及び管理に関する法律」があります。これは，令和元年6月に改正されたものですが，動物の所有者は，その所有する動物の飼養又は保管の目的等を達する上で支障を及ぼさない範囲で，できる限り，当該動物がその命を終えるまで適切に飼養すること（以下「終生飼養」という。）に努めなければならないとの努力義務が定められています（同法7条4項）。

　もっとも，この努力義務に反することになっても罰則はありません。そうすると，ペットの飼育は，飼い主の自主的な責任やその自覚に委ねられているといえます。

　令和4年6月からは，販売業者等にペットの犬と猫に飼い主の情報を記録するマイクロチップを装着することが義務づけられました。そして，飼い主は，環境省のデータベースに飼い主情報を登録しなければなりません（すでに飼っていてマイクロチップ未装着の場合には努力義務とされています。）。これは，飼い主の責任の自覚を求め，飼育放棄を防ぐためのものです。飼い主の引越しや譲渡など飼い主の情報に変更があった場合や

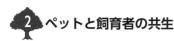
ペットが死んだ場合にも届出が必要です（同法39条の２ほか）。

2 ペットと飼育者の共生

　愛するペットも安心して余生を送れる，飼い主も安心できるというのが理想的です。そこで，飼育者は，自分がペットを残して死亡した場合の事態に備え，ペットの今後の飼育者をどうするか，誰に頼むのかを検討しておくことが必要です。

3 ペットの世話の依頼方法

新たなペットの所有者を選ぶ

　ペットの飼育に適任な人を相続人又は相続人以外から選ぶことになりますが，その際選んだ人に対し「ペットのために飼育する方法を依頼しておくこと」が重要です。

第三者に世話を依頼する方法

　第1に負担付き遺贈，第２に負担付きの死因贈与，第３にペットの信託が考えられます。

●負担付き遺贈

　負担付き遺贈とは，遺贈に付帯して，受遺者に一定の法律上の義務を負担させる遺言です。負担の内容は，法律上の義務たり得るものであればよく，ペットの飼育，費用負担，その埋葬，供養も負担の内容となります。注意しなくてはいけないことは，遺言でペットの世話等の負担付き遺贈をする場合は，受遺者がペットのためにしなくてはいけない負担内容を明らかにする必要があるということです。

　もっとも，負担付き遺贈は，受遺者がそれを放棄することができますので（民法986条），受遺者に対し，ペットの飼育をしてくれるかを事前に確認しておいた方が安心です。

●負担付きの死因贈与

　負担付きの死因贈与は，贈与者と受贈者との間で，贈与者が財産を

贈与する代わりに受贈者がペットの飼育等をすることを義務とする合意をする契約ですから，受贈者が飼育等の負担を履行する可能性は高いといえます。

●ペットの信託

　ペットの信託契約を締結する方法もあります。ペットを現在飼育している人を委託者，ペットの飼育に関心がある人を受託者，実際の飼育者を受益者として信託契約を締結する方法です。

 4　里親団体への引取依頼

　ペットブームに比例するように，最近，よく目にするのは，ペットの里親を斡旋する法人等（非営利法人，NPOなど）です。その多くは，子猫や子犬のときに斡旋を取り扱うことが多く，成猫や成犬は少ないようです。また，病気に罹っている場合，去勢手術を受けていない場合，予防接種を定期的に受けていない場合などには，受け入れてもらえないこともありますので，それらの受入れ可能条件を事前に確認しておくことが必要です。さらに，引き取りには費用がかかることが少なくありませんし，そのような団体による事業内容の継続性が保証されているかという点も確認しておくことが重要です。

 5　任意後見契約とペットの飼育

　認知症になった場合の備えとして任意後見契約を締結する場合には，必ずその飼育するペットに関しても任意後見人に事務処理の委任をしておくことがよいでしょう。その場合，任意後見契約の「代理権目録」の中で，ペットの飼育（できれば，飼育だけではなく譲渡などの処分もできることを定めておくとよいでしょう）と，ペットの飼育を続けるための費用を支出できることを入れておくべきです。一般的な代理権目録の記載例では「不動産，動産等全ての財産の保存，管理及び処分に関する事項」とありますので，ペットはこの「動産等」に含まれることになります。

文例─ペットの面倒

【文例49】 負担付き遺贈をする場合

> 第○条　遺言者（鈴木清）は，その所有する財産のうち預貯金及び手許現金から金○○万円を犬飼ます子（平成○年○月○日生。住所○○県○○市○○１丁目２番３－405号。職業△△△）に遺贈する。
> 2　遺言者は，犬飼ます子に対し，前項の遺贈の負担として，遺言者が飼育する□□□種の犬一匹（呼称「タロウ」平成22年６月生）が死亡するまで，その面倒を見る義務を負わせる。
> 　　ただし，「タロウ」が遺言者の死亡以前に死亡していた場合には，前記の遺贈をすべて撤回する。
> 　　なお，付言として，前記犬飼ます子は，これまでも「タロウ」のことを遺言者と同じように可愛がってくれましたので，遺言者が死亡してもからも「タロウ」のことを宜しくお願いします。

失敗しないためのポイント

　「家じまい」と同じように「ペットじまい」についても考えておきましょう。誤解を恐れずに言えば，70歳を過ぎたら，日頃からペットについても頼める人が身近にいれば別ですが，新しくペット（猫や犬）を飼い始めることは慎重に判断した方がよいかもしれません。

epilogue　遺言者の死後のペットの飼育は，受託者の選定の適否と飼育の履行の確保にかかっています。大切なことは，①ペットに対する愛情や思いを理解して飼育をしてくれる相手を探すこと，②飼育を確実に履行してもらう方策を検討しておくこと，③飼い主が変更する場合には登録されている情報を変更する必要があるということです。

case 22　遺贈（寄付）

prologue　自分（夫婦）の財産をどこかに寄付したいと考えている人は少なくないようですが，「では，どこに寄付をするか」と尋ねると，途端に回答に困ってしまう人も少なくありません。

公益的な活動をしている法人等や個人，菩薩寺などに寄付したいと考える人のほか，漠然と「どこかに寄付をして，役に立ちたい」という希望がある人もいます。活動に共感し，考え方に共鳴する寄付先を見つけることは苦労するようです。

本ケースでは，多様な寄付先を紹介し，遺贈寄付する場合の説明をします。

ハナコとたけしの会話 ── 遺言で寄付を検討する場合

 最近，私の友だちでも，「財産を寄付したいけれど，どこがいいのか分からない」と言っているのを聞いたことがあるわ。

どこがいいのか，人によって価値観が異なるし，それに公益的な活動をしているところだって，沢山あるからね。

 夫婦で寄付したい先が異なっていたら，どうしたらよいの？

遺言の内容を工夫して，それぞれが持っている財産をそれぞれが希望する先に寄付されるような内容にしなければならないね。

 寄付には優先順位はつけられないの？

それも遺言の書き方を工夫すれば，優先順位も決めることができるよ。

 自分の大切な財産だからいろいろ考えて決めておくことが重要なのね。

解 説

- 寄付先を決める場合，自身の価値観や共感を覚える信用できるところに寄付を考えましょう。
- 財産を複数の先に寄付や相続させる場合には，その優先順位を考えて遺言の内容を決めましょう。一定の割合ではなく，一定の金額（○○万円）と指定して寄付するのであれば，そのお金は財産全体から捻出するのか，預貯金からなのかを決めて文面を考えましょう。

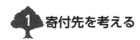

1 寄付先を考える

在住又は出身の自治体へ

　まず，考えられるのは，在住又は出身の自治体（市区町村，都道府県）に寄付をするということです。

　日頃，あるいはかつて住み，お世話になった自治体に寄付をしたいと考えるのであれば，一つの寄付先の候補となるでしょう。

かつてお世話になった人へ

　年齢に伴い，人生を振り返り，自身の人生に（好）影響を与えた人，世話になった人に財産を譲りたいと考える人もいるようです。

出身学校（大学，高校など）へ

　かつて自分が学んだ出身校，母校（大学，高校，私学など）に寄付をするという考えもあります。文化財，研究資料等を寄付する例もあります。自身が活動した部活動のために，また，有為な後輩を育てるために使ってもらいたいと願う人もいるでしょう。

　奨学金という形で，経済的に困難な状況にある学生に対して援助することにより，教育を受ける機会を与え，経済的な理由から教育を受けることを断念してしまうことを防ぐことができます。

信奉する宗教や宗教法人等などへ

　もし信じる宗教があり，それを支持し，その活動の手助けをしたいという人であれば，その宗教（法人等）に寄付するというのも一つの考えでしょう。

介護等でお世話になる第三者へ

　本人が高齢化するに伴い，介護などで第三者に依頼して面倒見てもらうことがあるでしょう。そのための御礼として財産を譲りたいと考える人もいます。それも選択肢の一つです。

社会貢献活動等をする団体など

　遺産を社会貢献活動をする団体に託すこともあるでしょう。

　目的をある程度限定し，例えば，国際貢献，難民援助，医療援助，難病治療の支援，地域振興，学校教育，環境保全，ペットの愛護のため，といった使途を決めて寄付する方法があります。

　一方，特に目的を限定しない，自由に使って欲しいという寄付もあります。

代わって面倒を見てもらうために

　遺言者自身が面倒を見ている，世話をしている人や，動物（ペット）などを自身に代わって死亡後に面倒を見てもらいたいと考える人もいます。例えば，引きこもりの子どもを抱えている人，障がいのある子ども等の面倒を見ている人，あるいはペットを飼育している人などもこれに該当します。

　これは，信託などの方法を用いることもありますが，遺言を作成し，受遺者や相続人に遺贈や相続の負担として面倒を見てもらうという方法も考えられます。

 一定金額を優先して遺贈（寄付）したい場合

どの財産からそのお金を支出するかを明らかにしましょう。

金銭で遺贈（寄付）する場合の注意点

　遺贈（寄付）の仕方には，いろいろありますが，遺産の中から一定金額を優先して遺贈（寄付）したいという場合には，そのお金をどの財産から支出するのか（財産全体か，金融資産からか，不動産を売却した代金からかなど）を明らかにしておく必要があります。

📖 文例―遺贈（寄付）

【文例50】　遺贈（寄付）する場合の文例①（個人への遺贈のパターン：預貯金から支出する場合）

> 第1条　遺言者（鈴木清）は，遺言者の預貯金の中から優先して300万円を月野うさ子（平成〇年〇月〇日生。住所　〇〇県〇〇市〇〇町123番地4）に遺贈する。
> 第2条　遺言者は，前条の遺贈による残余の預貯金を空山大地（平成〇年〇月〇日生。住所　〇〇府〇〇市〇〇区1丁目2番3号〇〇マンション405号）に遺贈する。

　預貯金（いろいろな金融機関の預貯金全て）から，まず300万円を月野うさ子に遺贈することをはっきりさせます。

　そして第2条の記載もあれば，預貯金総額－300万円（月野うさ子寄付＝受贈分）＝残金（空山大地受贈分）もはっきりします。

【文例51】　遺贈（寄付）する場合の文例②（全財産から支出する場合）

> 第1条　遺言者（鈴木清）は，遺言者の遺産の中から優先して300万円を月野うさ子（平成〇年〇月〇日生。住所　〇〇県〇〇市〇〇町123番地4）に遺贈する。

　遺産として預貯金のほかに，不動産や株式などの有価証券もある場合には，それらから「優先して支出する」ということになれば，例えば預貯金が不足して300万円未満の場合には，不動産や有価証券を処分して換価し，その売却代金や解約金などから300万円を支出することになります。

　文例50と比較して，文例51では，預貯金が不足していても他の資産（不動産や有価証券など）から支払うことができます。

　次に，「遺産の中から」とあるので，300万円の優先取得分については，預貯金をもらう方だけではなく，不動産や有価証券など他の財産をもらう方も負担する（取得分が減る）ことになります。その負担割合は，それぞれがもらう財産の額に応じて按分されることになります。

【文例52】　預貯金が遺贈（寄付）したい金額に満たなかった場合の対応（受遺者に負担させる場合）

> 第1条　遺言者（鈴木清）は，遺言者の預貯金の中から優先して300万円を月野うさ子（平成○年○月○日生。住所　○○県○○市○○町123番地4）に遺贈する。ただし，預貯金の額が同額に満たない場合には，その不足額を第○条で不動産を遺贈（相続）するとした空山大地（平成○年○月○日生。住所　○○府○○市○○区1丁目2番3号○○マンション405号）に負担させる。

　文例50の文例を少し変えて、上記の内容を記載し，預貯金が300万円に満たない場合には，ただし書きに従ってその不足額を不動産を遺贈（相続）された他の受遺者が負担する（不足額を支払う）と定めることになります。

【文例53】　遺贈（寄付）する場合の文例③（割合で遺贈する場合）

> 第1条　遺言者（鈴木清）は，遺言者の預貯金の全部（または○分の1）を月野うさ子（平成○年○月○日生。住所　○○県○○市○○町123番地4）に遺贈する。

　遺贈の内容を変えて，例えば上記のような内容にしておけば，預貯金の額に関わらず，その決めた内容（割合）で遺贈（寄付）することができますので，指定する金額に満たなかった場合の対応という問題はなくなります。

【文例54】 遺贈（寄付）する場合の文例④（預金額を遺贈する場合）

> 第1条　遺言者（鈴木清）は，遺言者の所有する預貯金のうち，P銀行Q支店に預託してある預金の全部（または○分の１）を月野うさ子（平成○年○月○日生。住所　○○県○○市○○町123番地４）に遺贈する。

　それ以外にも上記のように記載しておくと，P銀行Q支店の預金の全て（または○分の１）が月野うさ子に遺贈されることになり，逆に言えば，遺贈するP銀行Q支店の預金以外の財産は自由にその承継先を決めることができる（遺留分に反しない限りその通りとなる）ことを意味します。

不安に思ったら，専門家に相談して文言を決めるか，公正証書で作成しよう

　公正証書で遺言を作成するのであれば，公証人が遺言者の希望や考えを確認して作成しますので，自分の意思は反映できますが，もし自身で遺言を作成したい（自筆証書遺言などの場合）というときには注意（配慮）が必要です。相続の専門家に相談して，アドバイスしてもらうのも一つの有益な方法です。

失敗しないためのポイント

　寄付先によっては，金銭以外を受け入れてもらえないところもあります。そのため，主な財産が金銭以外の財産（不動産，有価証券など）であれば，生前に処分するか，生前に換価できない物（例えば自宅など）では，遺言の中で遺言執行者を指定し，相続開始後に処分，換価することを盛り込みましょう。

epilogue　遺産は，相続人や親族に必ず残さなければならないというものではありません。遺留分を持つ相続人がいれば，一定の財産を残すという選択もありますが，それよりもご自身の判断・選択や社会的な意義を優先して，遺贈（寄付）をしたいと考える人も少なくありません。その場合には，どの財産をどれほど寄付するのか，慎重に検討して遺言の内容を工夫することが必要でしょう。

case 23　清算型遺言

> \text{prologue}　遺産を売却換価して現金化し，その換価金から遺言者の債務を弁済し，その残額を相続人らにおいて分配せよという内容の遺言があります。これを清算型遺言といいます。
>
> 　清算型遺言においては，遺言者の意思が確実に実現されることが期待されますので，遺言執行者を指定し，その遺言執行者に財産の換価をさせることが多いし，それが遺言者にとっても安心できます。

🖐 ハナコとたけしの会話 ── 自宅や土地の現金化（清算）

友人が，自分が亡くなったら自宅や土地を全て売却して現金化したいと言っているのだけど，そのような遺言を作ることができるの？

清算型遺言があるかな。これは，全財産を換価し，債務も返済した上で，残余財産を一定の割合で分配しなさいという方法なんだ。

清算が伴う遺言ということね。

方法としては清算型の包括遺贈と清算型の遺産分割方法の指定の2つがあるよ。

両者の違いはどこにあるのかしら？

両者の違いは，遺言の解釈と関連するけど，財産の帰属先が相続人以外の第三者が入っているか，共同相続人のみかが基準になるよ。

> 清算型遺言は，遺産を換価し，債務を弁済した後に財産を分配するという手順を踏むことになるので，生前債務の清算等手続を円満に行うために遺言執行者を選任することが望ましいと考えられます。

1 清算型遺言

清算型遺言とは

　全財産又は特定の財産を処分し，債権の取立て，遺言者の債務弁済などをした上で，残余財産を一定の割合で共同相続人に分配することですが，包括「遺贈」形式のほか，「遺言による遺産分割方法の指定」の形式もあります。

清算型の包括「遺贈」

　遺産中の積極財産を包括遺贈した上，受遺者がこれを処分し，借財を完済し，残りの財産を相続人ら（第三者を含む）で一定の割合で分配せよというものです。残りの財産については相続人らに分配するほか，公益法人等に寄付をすることもできます。

清算型の「遺産分割方法の指定」としての遺言

　不動産を売却し，預金を解約し，有価証券を換価するなどして，借財を完済した上，残りの財産を共同相続人間でそれぞれ何パーセントの割合で分配せよというものです。

2 財産の帰属方法の検討

　財産の帰属については，遺産を特定の共同相続人や第三者に帰属させるのか，その帰属先を定めた上で他の相続人への分配を命じるのか，債務負担方法についても，相続分に応じての分割債務とするのか，遺産を全部取得した者の負担とするのか，債務を完済した上で換価金を分配す

るのか，遺言執行者を指定するかなど多様な選択肢と組み合わせがあります。

 遺言執行者によって執行されること

清算型遺贈の場合，遺言執行者が選任されることが多いのですが，遺言執行者は，遺言執行に必要な管理処分権に基づいて被相続人の遺産の全部あるいは一部を処分し，受遺者に現金等を遺贈することになります。遺言執行者が行う職務は次のとおりです。

> **☑不動産の占有・管理**
> 清算型遺贈の場合には，遺産を売却処分しなければなりません。したがって，遺産である不動産を占有・管理しなければなりません。
> **☑賃料の取立て・受領等**
> 清算型遺贈では，賃料の取立てやその受領は，遺言執行者の義務となります。
> **☑相続債務の弁済**
> 清算型遺贈では，債務弁済後に財産を分配することを内容とするため，遺言者が生前に遺した債務の弁済は遺言執行者の職務権限に属します。

 相続人不存在の場合における清算型遺贈のデメリット

相続人のいない遺言者が，全ての相続財産を受遺者に遺贈する清算型遺贈の場合，相続財産はいったん相続財産法人に帰属することになり，家庭裁判所が相続財産清算人を選任し，同人が管理すべき相続財産が存在することになります。この場合，請求申出の公告や遺言執行者との交渉等で管理費用が発生し，また相続財産清算人の報酬も発生することになります。費用対効果，訴訟経済という点で，受遺者にとって清算型遺贈はデメリットに働く場合があります。

📎 文例─全財産処分後の遺贈

【文例55】　清算型相続の文例

> 第1条　遺言者（鈴木清）は，遺言者の全財産を処分し，その処分金をもって遺言者の未払いの施設費，医療費，公租公課，日常家事債務などの全債務を弁済し，その残金を妻花子と長男太郎の両名に2分の1宛相続させる。

【文例56】　清算型相続において遺言執行者に対し指示している例

> 遺言者（鈴木清）は，遺言執行者に対し，下記の事項を指示する。
>
> 　　　　　　　　　　　記
> (1)　別添の不動産目録記載の土地及び建物並びに家財道具類その他の財産を適宜処分し，換価すること。換価できないものは廃棄すること。
> (2)　上記換価によって得られた金員並びに遺言者名義の預金・貯金債権及び手許現金から，遺言者の債務全部を弁済し，かつ，遺言執行に要する費用を差し引いた残額を，長女佐藤一美に5分の3，二女鈴木良美に5分の1，三女鈴木清美に各5分の1の割合で相続させるので，各相続人に分配すること。

【文例57】　遺贈（寄付）し，遺言執行者の指定を法人の理事長に委託する場合

> 第1条　遺言者（鈴木清）は，別添の目録記載の財産を含め，遺言者の所有する財産の全部を換価し，その換価金から遺言者の一切の債務を弁済し，かつ遺言の執行に関する費用を控除した残金全部を○○法人に遺贈する。
> 第2条　遺言者は，○○法人理事長に，本遺言の遺言執行者を指定することを委託する。遺言執行者は，○○法人の正会員の中から選任する。また，遺言執行者の報酬は遺言者の遺産から支払うものとする。

失敗しないための ポイント

不動産の処分に時間を要する場合，公租公課（固定資産税など）を誰がどうやって負担するかを決めておく必要があります。

epilogue 清算型遺贈は遺贈（寄付）のうち，寄付先が金銭以外では受け取ってもらえない場合において，取り得る方法となります。

また，財産の帰属方法は，多様な選択肢があるので，遺言者は，自分の財産の帰属方法については，意思を明確にしておく必要があるといえます。

case **24** 障がいがある子に対する遺言

prologue 先天的に障がいを抱える人のほかに交通事故等により高次脳機能障がいを負う人もいます。その場合の多くは，親が後見人等となって，被害者である子の介護，財産管理等を担っています。しかし，親は子より余命が短いので，親は，自身が亡くなったり，介護できなくなった後のことを考え，子の身上保護と子のための財産承継等の方策を検討することになります。

本ケースでは，親が，自分なき後の子の生活を考え，介護態勢を整えつつ，遺言を利用しながら介護費用の支払い等を行い，財産を承継する方法について解説します。

🕊 ハナコとたけしの会話 ── 障がいのあるお子さんがいる場合

 最近，交通事故に遭ってお子さんに後遺障がいのある友人から自分が亡くなった後の子どもの将来についてどうしようか相談を受けたの。

それは親御さんにとっても大変な悩みだよね。

 高次脳機能障がいを負った人はどのように保護されるの？

高次脳機能障がい者の多くは，交通事故等により受傷するので，若年層が多いんだよ。その場合，障がい者の親等が後見人に就任して，障がい者の身上保護と財産管理を行い，後見制度を利用して，障がい者本人を保護しているんだよ。

 認知症の場合は，脳の老化に原因があって，高齢になればなるほどその発症頻度は増えるので，余命はある程度限られてしまうことになるけど，高次脳機能障がいでは，相続財産の管理や，誰に相続させるかという点が重視されそうな感じがするわ。

> そこなんだよね。高次脳機能障がい者は若年者が多いので、長い
> 期間、身上保護をしなくてはいけないし、そのための資産維持と
> 運用、それに介護者がいなくなった場合の予備策も考えないとだ
> めなんだよ。介護をしている親の不安や、その心情を十分に考慮
> して、どうしたらよいか決めないといけないよね。

🖐 解 説

障がいのあるお子さんを持つ親にとっては、自身が亡くなった後、子
どものことをどうするかというのは悩める問題ですが、親なき後の子
の支援方法として、死後事務委任契約の締結、信託契約の締結、遺言
信託などの方法があります。

🌳1 高次脳機能障がい

交通事故や労災事故等によって頭部外傷を受け、そのとき意識障がい
を負った者が、治療の結果、意識を回復できたものの、意識回復後に認
知障がい（記憶障がい、遂行機能障がい、判断力低下、病識欠落等）と人格変
性（感情易変、攻撃性、暴言、暴力、被害妄想等）を生じ、社会復帰が困難
となる後遺障がいを負うに至ってしまったことを高次脳機能障がいと呼
んでいます。

ところで、高次脳機能障がいを負う被害者は若年層が多く、親が後見
人等として後遺障がいを負った子の介護を担っていますので、親は、介
護者がいなくなってしまった後の子が、親なき後に長期間にわたり継続
的に身上保護を受けられ、そして、損害賠償金等の財産が本人のため使
用されるために、どうしたらよいのか、本人の財産の減少をいかに防ぎ
将来につなげていくかなどの方策を検討する必要に迫られることになり
ます。

なお、後遺障がいを負った人の多くは、親族等から献身的な介護を受
け、また、日常生活動作が可能な被害者は声掛けや看視などを中心とす
る付き添いを受けて生活している場合もあり、就労することが難しい状

況にあります。

 **身上保護との関係**

親が子を自宅等において介護している場合

●きょうだい等による介護（負担付き遺贈）

　親が長男（ここでは，きょうだいを例にして説明します）に対し，財産を遺贈するが，長男は，遺贈を受ける負担として，障がいのある二男が死亡するまで，遺贈する建物に居住させ，必要に応じ介護支援の契約を締結するなどして扶養などの世話をするという負担付き遺贈をすることが考えられます。つまり，親が，将来，老齢又は死亡により障がいのある子の介護を続けていくことが難しくなることに備えて，きょうだい等の親族に対し，自己の財産を遺贈するが，その財産の遺贈を受ける負担として，きょうだい等が障がいを負う子を自宅において介護するという方法です。

●施設入所手続契約（負担付き遺贈）

　長男が，障がいのある二男のために，適切な施設を探し，施設に入居させる手続を行うという負担付き遺贈をすることも考えられます。つまり，親が，きょうだい等の親族に対し，自己の財産を遺贈するが，その財産の遺贈を受ける負担として，きょうだい等が障がいを負う子が施設において介護を受けられるようにするための入所契約をするという方法です。

親が実際に介護施設等との間で介護契約を締結している場合

　親が介護施設等との間で介護契約を締結している場合，親が，きょうだい等の親族に対し，自己の財産を遺贈するが，その財産の遺贈を受ける負担として，きょうだい等が現状締結されている入所・介護契約を引き継ぐという方法があります。これは，長男が，二男のために，施設との入所・介護契約を引き継ぎ，二男の介護，世話に必要な対応を続けるという負担付き遺贈の方法です。

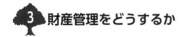
財産管理をどうするか

　親は，障がいを負った子の身上保護のため損害賠償金等を管理し，将来の支出に備える方法を検討することが必要です。そこでは，親は，遺言と合わせた死後事務委任契約又は信託を設定すること等が考えられます。

死後事務委任契約

　親は，委任者（被相続人）として，自己の死亡を停止条件として，財産をきょうだい等に相続させ（又は遺贈し），きょうだい等との間でその財産の管理を委任するという死後事務委任契約を締結することが考えられます。

　死後事務委任契約の内容等の詳細は，case 28を参照してください。

信託の設定

　親が生存中に，障がいを負う子を受益者とする信託契約を締結する方法があります。生存中は，第一次受益者を委託者とし，第一次受益者が死亡した後の第二受益者を障がいのある子とする信託契約です。

遺言信託

　親が生存中に信託銀行との間で，子を受益者とし，信託銀行を遺言執行者に指定し，遺言執行者において財産を換価処分させ，その換価金から，亡くなる方の債務，費用，遺言執行者の報酬等を弁済した残額について，受益者の介護等の生活資金の給付を行う目的で信託契約を締結するものです。

　遺言信託の内容等の詳細は，case 30を参照してください。

🕊 文例─障がいのある子どもがいる場合

【文例58】 負担付き相続（遺贈）の例

> 第１条　遺言者は，遺言者の長男太郎（昭和○年○月○日生）に遺言者の有する全財産を相続させる。
> 第２条　遺言者の長男太郎に，前条で遺言者の財産を相続する負担として，次の義務を負わせる。
> （負担の内容）
> ⑴　長女佐藤一美（昭和○年○月○日生）を都内の適切な施設にて介護すること
> ⑵　前号の施設の利用料は全て長男太郎が遺言者の遺産の中から負担して支払うこと
> ⑶　長女一美が生活に困らないように，適切にかつ前号の施設利用料とは別に月額５万円以上の援助を行うこと
> ⑷　もし長女一美が長男太郎より先に死亡した場合には，懇ろに弔った上で□□寺にある墓地に埋葬し，遺言者及び長女らの供養を行うこと

（右端）第9 継続給付

失敗しないための ポイント

　親なき後の子の支援の方法として，どの方法が相当かを判断するに際しては，相続財産及び信託財産の額，予想される介護と支援の年数，その金額，各手続における報酬，費用額を知り，どの方法を取るかを判断する必要があります。

epilogue　障がいを負う子を持つ親は，自分が近未来，高齢，死亡等により介護ができなくなる日が到来することを憂い，その備えを検討しています。その備えとして，親族や介護施設による介護態勢を作ることで子の身上保護を図りつつ，死後事務委任契約の締結や遺言と合わせた信託の設定等を活用することで，財産管理，運用保全，財産承継を考えています。遺言を利用することにより，「子が障がいを負いながらも人間らしい生活を維持できるにしたい」という親の思いを実現していきたいものです。

財産承継の方法と遺言

prologue

高齢者が検討する財産承継の制度としては，死因贈与，遺贈，負担付き遺贈があります。本ケースでは，高齢者の遺言に基づく財産承継方法について検討します。

ハナコとたけしの会話 ── 高齢配偶者の介護と財産承継

高齢者の中には，配偶者などの介護や世話が大変で，その世話を誰かに託すとともに，財産をその人に承継させたいと希望する人もいるようね。

自分が先に死亡した場合，病気等で介護を要する配偶者などを残すことになるので，財産管理や配偶者の世話をどうするか，財産をどのように帰属させるかなど心配がつきないよね。

家族の介護を誰かに頼みつつ，その先の財産の承継を検討するにはどのような方法があるの？

生前には，見守り契約などにより，身上保護を図りつつ，死後事務委任契約を締結することが考えられるかな。
死後の財産承継の方法としては，死因贈与，負担付き遺贈，後継ぎ遺贈のやり方があるね。ただ，後継ぎ遺贈の効力は無効とする学説が有力だから，やめた方がよいね。配偶者の介護や世話については，財産の承継に負担をつけることで確保することになるかな。

解　説

誰に対し，何を承継させたいかを検討し，生前の身上保護の必要性も考慮して，財産承継が実現できる組合せを検討しましょう。

 死因贈与

死因贈与とは

死因贈与とは，贈与者の死亡によって効力を生ずる贈与（法律的には「不確定期限付きの贈与契約」）です。すなわち，贈与者が生前に契約を締結し，贈与者が死亡することが，将来，いつか，はっきりとしないが発生するという期限があり，その期限が到来すれば効力を生ずる契約です。

死因贈与の性質

無償で財産を与えることを内容とする契約ですが，相続人に帰属する財産を処分するもの（相続人に帰属させないもの）ですから，その社会経済的意義は遺贈に似ています。

死因贈与に基づく物権変動の対抗力

死因贈与を約した贈与者が死亡することにより贈与の効力を生じ，契約の目的物が不動産の場合は，その所有権の移転につき登記を具備することにより第三者（例えば，相続人から不動産を購入したり，贈与を受けた者）に対抗することができます。

死因贈与の仮登記

死因贈与は目的不動産につき受贈者のための仮登記を行うことができます。仮登記がなされると，仮登記後に利害関係を持つ第三者に対抗できますので安心です。ただし，贈与者の死亡後に本登記手続をする必要があります。

死因贈与の撤回

遺言の撤回に関する民法1022条は，遺言撤回の方式に関する部分を除いて死因贈与に準用されます。その結果，死因贈与をした者は，民法550条の規定に関係なく，「いつでも」死因贈与の全部または一部を撤回することができます。贈与者の死後の財産に関する処分については，遺贈と同様，贈与者の最終意思を尊重し，これによって決するのが相当で

あるからです。

死因贈与の限界 ^(注)

> ☑　受贈者が贈与者の相続開始に気づかない場合があります。
>
> ☑　贈与財産を管理する相続人の協力が得られないと，引渡しや登
> 記を行うために相続開始後にその相続人を相手に請求や裁判をす
> る必要があり，実際の取得が困難になってしまう場合もあります。
>
> ☑　定期給付などのアレンジはできません。

（注）　我妻榮『民法講義Ⅴ　債権各論中巻1』236頁参照

 遺言による財産承継（負担付き遺贈，負担付き死因贈与契約）

負担付き遺贈とは

　負担付き遺贈は，受遺者に一定の行為を負担させることを内容とした
遺贈です（民法1002条）。例えば，残された配偶者や障がい者の世話をす
ることなどを負担として，他の相続人等に遺贈するものです（民法1002
条1項）。

　遺贈する財産（相続の場合も同じ）より多くの負担を義務とすることは
できません（民法1002条1項）。

負担付き遺贈の構造

　負担付き遺贈は，受遺者に対し，債務を負担させることを内容として
遺贈目的物を遺贈するものであり，遺贈の目的となった物は受遺者が相
続する財産となります。

履行確保

　負担付き遺贈を受けた者がその負担を履行しないときは，相続人は，
相当の期間を定めて履行を催告し，その期間内に履行がないときは，家
庭裁判所に遺言の取消を請求することができます（民法1027条）。

　しかし，不履行の場合，高齢者となっている負担の利益を受ける等が

主体となって取消請求の手続をとることは困難であり，受遺者が遺産を費消したり，受遺者の債権者から執行を受ければ，負担を履行することはできないという問題があります。

負担付き死因贈与契約の撤回

　負担付き死因贈与契約については，その負担が贈与者の生前に履行されるべきものである場合であって，贈与者の生前に受贈者が負担の全部またはこれに類する程度の履行をしたときは，「贈与者の最終意思を尊重するの余り受贈者の利益を犠牲にすることは相当ではない」ので，負担の履行状況にかかわらず負担付き死因贈与契約の全部または一部の撤回をすることがやむを得ないと認められる特段の事情がない限り，民法1022条や1023条は準用されず，撤回は制限されています（最判昭和57年4月30日民集36巻4号763頁）。

👉 文例─死因贈与・負担付き遺贈などによる財産承継

【文例59】　死因贈与（契約）と仮登記

> 第1条　贈与者（鈴木清）と受贈者（花田咲子）とは，令和○年○月○日，贈与者の所有する添付目録の不動産を無償で受贈者に贈与することを約し，受贈者はこれを受諾した。
> 第2条　前条の贈与は，贈与者の死亡によって効力が生じ，死亡と同時に不動産の所有権は受贈者に移転する。
> 　　　前記契約のために，贈与者は添付目録記載の不動産について贈与者の死亡を不確定期限とする始期付所有権移転仮登記を行うものとし，そのために必要な書類一式を受贈者に交付し，受贈者はそれを受け取った。ただし，仮登記手続に要する費用は受贈者が全て負担する。

第9　継続給付

【文例60】 負担付き遺贈

第○条 遺言者（鈴木花子）は，遺言者の有する下記財産を川口里美（平成○年○月○日生。住所 ○県○○市○○町1番地2の3，遺言者との関係 姪の子）に遺贈する。ただし，川口里美は，下記財産の遺贈を受ける負担として，遺言者の妻花子が死亡するまで，同人が在宅生活可能な状況にあるときは同人と同居し，入院・入所が必要な場合は，適切な医療機関・介護施設に入院・入所させて扶養介護しなければならない。

失敗しないための ポイント

　高齢者の財産承継方法の選択と実現に当たっては，弁護士，司法書士などの専門家の役割は重要です。したがって，高齢者や親族は，信頼のおける専門家の選択から始めることを心掛けましょう。

epilogue 　高齢者は自身の健康や認知機能の衰えを感じ始めると，やがてくる療養看護に関する不安から，今後の生活様式，財産管理方法，そしてこの先の財産承継の方法も検討するようになります。身上保護の必要性を考慮して，負担が確実に履行されることを視野に入れつつ，どのような財産承継方法を選択するのがよいかを専門家に相談することが大切です。

case **26** 事業承継の方法と遺言

 prologue 「やっぱ（り），うちの会社は社長がいないとダメだよな」と社員が言っているのを聞いた社長はどう思われるでしょう。

「社員からは頼りにされている，これからも頼りにしてくれる社員のためにもっと頑張ろう」との思いを強くされるかもしれません。

ただし，社長が60歳代，70歳代になっていても，社員から上記のように思われていたとしていたら，その会社は些か心配です。事業承継について検討を始めてしかるべき時期になっているからです。

創業者あるいは何代目かの中小企業のオーナーとして，将来必ず発生する「相続」や世代交代に備えた事業承継と継続をどうするか，どうしたら継承リスクやロスを防ぐことができるかを考えてみましょう。

🖐 ハナコとたけしの会話 ── 事業承継には長いスパンが必要？

 町工場を経営している友人がいるんだけど，後継者のことを考えているみたいなの。

事業は誰が継ぐの？

 その友人の子は会社勤めをしているし，継ぐことはないみたい。

事業をしている人の年齢によるけど，誰に事業を承継してもらうかの検討を始めた方がいいね。高齢者になれば何があるかわからないし，第一，事業承継をするには準備期間が必要なんだよ。できれば10年くらいあった方がいいね。

 それじゃあ，友人も，もう始めた方がいいわね。

解 説

> 事業承継のためには，個人（オーナー）企業からの転換を図ることが重要です。そして，事業承継を成功させるためには，一朝一夕では上手くいきません。事業承継以前に十分な時間をかけて準備が必要です。事業承継の手法はいろいろありますので，それぞれ比較検討が必要です。必要に応じてアフター・フォローも考えましょう。

事業承継のタイミング

　一般的には，現経営者が元気なときに承継を行うことが望ましいと思います。生前（相続前）承継がベターです。しかし，事情によっては，現経営者の死（事故や病気などによる突然の死の場合もあります。）によって，突然に事業を承継しなければならないこともあります。事業承継の準備が不十分であったり，障害があったりすると，事業承継に混乱が生じ，場合によると事業が縮小したり，最悪の場合には廃業や倒産という事態に至ることもあります。企業の経営者には不慮の事態に備えた対策を取ることが必要なことと思います。

事業承継の３要素

　事業承継には，①人，②資産，③知的資産，の３つの要素の承継が必要だと言われています。

「人」

　経営に当たる後継者です。中小企業・小規模事業者のなかには，後継者が見つからないため，引き継ぐことができずに，廃業せざるを得ないケースもあります。

「資産」

　自社の株式，資産，資金などです。自社株式の取得にともなう相続税や贈与税の負担，事業承継後の資金繰りなどの検討も必要です。

「知的資産」

目に見えない（形がない）資産です。経営理念，人脈や顧客との信頼関係，チームワークや組織力，ブランドや人材力などがそれに当たります。とくに中小企業の場合は目に見える資産よりも目に見えない知的資産が，利益の源泉であり成長の原動力であるケースが多いのです。

詳細は，経済産業省のサイト（https://mirasapo-plus.go.jp/hint/17144/）を参照してください。

 **事業承継の相手方**

パターン別事業承継のメリット・デメリット

事業承継の相手方（承継者）には，次の3パターンがありますが，それぞれメリット・デメリットがあります。

●親族内承継

メリットとしては，オーナーにとっても築いた事業の利益や意義を承継できるという納得感があり，企業の内外から受け入れられやすく，準備も容易です。

デメリットとしては，親族内に承継者として相応しい人（能力・人間性・意欲など）がいればよいのですが，必ずしもそのような人がいるとは限りません。また，複数の相続人がいる場合には，誰を後継者に選ぶかという難しさがあります。

●親族外承継

メリットとしては，承継者に相応しい人を探しやすいことがあります。

デメリットとしては，親族がいる場合には，外部から承継人を招くことになりますので，納得を得るのに苦労をしたり，場合によると同意を得られない場合もありえます。他方，承継者には，株式等の事業を買い受けるための資金が必要になることなどがあります。そして，事業の買取価格が実際の企業価値と異なった価格で取引されることもあります（非合理性）。

●M&A（Mergers and Acquisitions：買収と合併）

メリットとしては，親族外承継以上に候補者を広く求めることができ

ること，それにより，企業価値を客観的に評価し，創業者利益がオーナーの元に入ってくることがあります（客観性・合理性）。

　デメリットとしては，オーナー側の希望価格と承継者（購入者）側の希望価格に乖離が生じて，その一致を見いだすことが困難になったり，費用や時間がかかってしまうこと，それによる**承継ロス**が発生することがあります。

個人事業と法人事業との質的相違

　起業した当初は個人事業ですが，次第に事業展開が順調となり，法人化をする場合があります**（法人成り）**。中小企業の起業者（オーナー）が高齢化し，その事業承継を計画する場合，法人化していた方が，その法人の支配的な株式（持分）を移転（譲渡や贈与）すれば事業承継ができるように思われますが，ことはそう簡単ではありません。

　オーナー企業の多くは，その事業（技術や信用を含めて）とオーナーとが良くも悪くも密接不可分となっています。

　また，事業は法人化されていても，その重要な資産（店舗，事務所，工場，支店など）が個人資産のままであったり，オーナーが賃借して法人に（無償か，低廉な費用で）使用させているという場合もあります。

　さらに，金融機関からの借入れに際しては，オーナーが個人保証していることも少なくありません。信用保証協会付きの融資では，その多くは個人保証が要件とされています。

　このように「公私渾然（一体）となった」状態の個人事業の承継は，まずその整理から始めなければなりません。

 **4 事業承継の検討開始時期**

　「人生100年時代」と言われ，平均余命が延びたとはいえ，60歳を過ぎると健康面など不安要素が増します。病気の診断を受けてから事業承継を始めようとしても間に合わないこともありそうです。中小企業庁のパンフレットなどでは，「60歳になったら事業承継に向けた準備をはじめましょう！」と呼びかけをしています。「俺（私）は元気だから60歳で

始めなくても大丈夫」とは考えないことが肝要です。企業経営では「リスク・ヘッジが大切だ」と言われています。リスク・ヘッジは起こり得るリスクの程度を予測して，リスクに対応できる体制を取って備えることで，取引先の倒産や投資の失敗などに備えることですが，事業承継も一つの立派なマネージメントということができるでしょう。60歳になったら準備を始めたいものです。

5 準備計画期間内に行うべきこと

準備計画のためのチェックポイント

> ☑事業承継の必要性の認識から始めましょう。
>
> ☑経営状況・課題の「見える化」に務めましょう。
>
> 　見える化とは，オーナーだけ分かっているのではなく，会社内，親族にも認識を共有化することが必要です。
>
> ☑事業承継に向けての企業の磨き上げが大切です。
>
> 　企業価値の高い魅力的な会社とは，第1に，他社に負けない「強み」を持った会社です。第2に，業務の流れに無駄がない，効率的な組織体制を構築した会社です。自社が強みを有する分野の業務を拡大していくとともに，各部署の権限，役割を明確にして業務がスムーズに進行する事業の運営体制を整備しましょう。
>
> ☑事業承継計画の作成→実施（仕上げ）をしましょう。
>
> 　事業承継に向けての計画を確実に実施していくことが必要です。
>
> 　詳細は，中小企業庁作成の「経営者のための事業承継マニュアル」を参照してください。

6 株式相続の注意点

　注意しなければならないのは，株式会社（以前の有限会社を含めて）の株式を保有していて，これを相続により承継させる場合です。経営者は，

第10　事業承継

遺言を作成し，所有株式の相続を明確にしておくべきでしょう。遺言を作成していない場合，法定相続となりますが，遺産分割において株主権の帰属が争われる場合があります（現物分割と代償分割の選択）。

また，会社法では，定款でいろいろな内容を持つ株式の発行が可能ですので，議決権を持つ株式を1つだけにして，それを後継者に相続させるということもできます。

事業承継に向けたテクニック（方法・手段）

上記のプロセスを経て，事業の体質を変え，オーナー・チェンジに備え，かつ適切な承継者を見出せたとすれば，あとは，いつ，どのような方法により円満，円滑に事業を継承できるかという時期・方法・手段論の検討と，その実現・実施のプロセスに移ります。

自社株式や事業用資産の生前贈与

生前贈与には贈与税が課税されますが，年間110万円の基礎控除がある暦年課税制度や，生前贈与時に軽減された贈与税を納付し，相続時に相続税で精算する相続時精算課税制度，贈与税の納税が猶予・免除される事業承継税制を活用することで，贈与税の負担軽減を図ることが可能です。

遺言の作成

オーナー経営者が遺言を残しておくことは，相続争いや遺産分割トラブルを回避することに有効です。後継者には株式や事業用資産，ほかの相続人には事業に関係のない資産や現金などを相続させるというように，経営者の意思に適った相続が期待できます。

遺言がない場合，遺産の配分は相続人たちの遺産分割協議を経て決定するので，結果として自社株式や事業用資産が分散してしまったり，協議がまとまらずに相続争いに発展してしまったりするケースもあります。

遺留分に関する民法の特例で経営者の生前に対策を実施すること

　将来の紛争防止のために，中小企業における経営の承継の円滑化に関する法律に遺留分に関する民法の特例が設けられています。後継者を含めた推定相続人全員の合意の上で，オーナー経営者から後継者に贈与等された自社株式について，一定の要件を満たしていることを条件に，遺留分の算定の基礎となる相続財産から除外するなどの取り決めが可能です。これにより，後継者が確実に自社株式を承継することができます。ただし，その特例合意が効力を持つためには，経済産業大臣の確認（同法7条）と家裁の許可（同法8条）が必要と些かハードルが高いとは言えます。必要があれば，専門家にアドバイスを受けましょう。

種類株式の導入（株式会社の場合）

　議決権制限種類株式では，株式の議決権を制限します。後継者には議決権のある普通株式，後継者以外の相続人には無議決権株式を相続させる方法があります。また，取得条項付種類株式では，株式の取得条項を付します。「株主の死亡」を取得条項としておくことで，株主が死亡した場合には会社がこれを買い取ることとし，株式の散逸を防止することができます。そして，譲渡制限株式では，株式の譲渡について会社などの承認を必要とします。会社にとっては望ましくない株主以外の第三者に売却しようとした場合，会社（株主総会や取締役会）はこれを承認しない判断をすることにより，株式の分散を防止することができます。

持株会社の設立により子会社化すること

　遺産分割によって自社株式が分散するリスクを避けるために，後継者が持株会社を設立し，事業会社からの配当による返済を前提に金融機関から自社株式の買取資金の融資を受けます。持株会社は事業会社の株主となり，経営者には自社株式の譲渡の対価として，現金が残ります。相続では，相続財産は自社株式ではなく現金となるため，遺産分割での自社株式の分散を防止できます。

自社株式の生前贈与

　自社株式の事業承継者への生前贈与というのも一つの方法ですが，その前提としてまず適切な承継者を見いだすことが求められます。また，「贈与」として課税されるリスクもあります。そのために，企業のB/S（バランスシート）などを精査し，税理士などと相談しながら，そのタイミングを計るべきでしょう。

参考文献
　中小企業庁「経営者のための事業承継マニュアル」
　国税庁「個人版事業承継税制」「法人版事業承継税制」
　山下眞弘「会社事業承継の実務と理論－会社法・相続法・租税法・労働法・信託法の
　　交錯」

ひと言アドバンス

事業承継の「バトンゾーン」

　創業経営者の中には「この会社は自分が一代で興したのであるから，倒産しようがどうなろうが自分が決めるし，自分が亡くなった後どうなっても構わない」といったことを公言して憚らない人も見受けられます。企業が社会的な責任を持ち，従業員を抱え，取引先を持ち，更に金融機関から融資を受けているということは，単に「自分の会社だ」イコール「自分の好き勝手ができる」ということを意味しません。それは「企業の社会的な責任」の自覚が足りないばかりか，従業員やその家族，取引先などからの信頼やそれを裏切ることによる損害や迷惑といったことを見過ごしています。

　従前のオーナーの個人企業からの脱皮を図り，オーナー以外の事業継承者でも企業の経営（舵取り）を問題なくできるような体質に変えることが大切であると言えるでしょう。問題意識等の共有化とはまさしくそのような意味です。

　筆者は，上記に加えてアフター・フォローも検討すべきだと考えています。後継者の「バトンの受け渡しが成功するかどうかは，バトン・ゾーン（バトンパス（受け渡し）の区間（時間））の使い方次第で大きく変わる」ということは事業承継の場合にも該当するのではないかと思います。

　もっとも，M&Aにおいては，アフター・フォローが不要な場合も多

いかもしれませんが，親族内承継・親族外承継では，元のオーナーのアフター・フォローが必要となる場合も存在しています。ただし，元のオーナーが承継後いつまでも居座っているイメージを与えてしまうデメリットも生じます。そのため，時期や権限を限定してフォローすることが望ましいと言えます。元のオーナーが「相談役」として一定期間だけ企業内に残るという場合もあるでしょう。

文例―会社の事業承継

【文例61】　自社株式の相続

第○条　遺言者（鈴木清）は，その所有する株式会社鈴木の株式900株のうち，株券番号イ001からイ451番までの株式451株を遺言者の妻花子に相続させる。同じく，株券番号イ452からイ900番までの株式449株を遺言者の長男太郎に相続させる。

【文例62】　長女を事業承継者とし，長男に対する役員報酬支払いを義務（負担）とする遺言

第1条　遺言者（鈴木清）は，株式会社鈴木の全所有株式及び同社に賃貸している工場の土地及び建物の全てを，遺言者の長女佐藤一美（昭和○年○月○日生）に相続させる。

第2条　遺言者は，前条で長女一美に相続させる負担として次のことを義務とする。

(1)　第1条の土地及び建物は，今後最低20年間株式会社鈴木（代表取締役佐藤一美）に賃貸をすること。なお，賃料は公租公課の変動に応じて改訂しても良い。

(2)　株式会社鈴木では，遺言者の長男鈴木太郎（昭和○年○月○日生）を取締役として相続開始後最低でも10年間処遇し，役員報酬として月額20万円以上を支払うこと。

もし，長男太郎が10年未満で株式会社鈴木を退職した場合には，長女一美は長男太郎に対して，その10年に満つる期間中に月額10万円（年額120万円）を贈与すること。なお，贈与に伴う贈与税

第10
事業承継

も長女一美が負担すること。

失敗しないための ポイント

☑ 事業承継にはいろいろな手法がありますので，どれが適当か，税金面なども考慮しながら専門家のアドバイスをもらいつつ進めた方が間違いが少ないでしょう。法律と税務の専門家のアドバイスが必要となることが多く，また事業価値の適正な評価という面では，公認会計士や銀行，コンサルタント会社などの関与も求められます。

☑ 企業価値を客観的に算出するため，デュー・デリ（ジェンス）と呼ばれる事前調査を行うことがありますが，これには時間や相当な費用もかかります。特に，オーナーが急逝してしまった場合には，事業継続のために長い時間をかけられませんので，その実施は大変です。また，経営の一体性（継続性）を維持することが困難なことがあり，それも承継ロスが発生する要因となります。したがって，正確な企業価値を算出したいと願うのであれば，事前準備，すなわちオーナーが元気なときに実施する必要があります。

epilogue　1　事業承継で大切なことは，まずオーナー（起業者）が事業承継の必要性を認識し，そのための準備を始めることです。

もし，オーナーがそれに気づいていないとすれば，家族や従業員などの周囲から，オーナーにそれを認識し，理解してもらうように勧めなければなりません。疑い深いオーナーだと「俺（私）を追い出すつもりか」などという誤解を受けることがありますので，細心の注意が必要です。

2　事業承継のためには十分な時間が必要です。一般的には10年ほど時間をかけることが必要になりますが，状況に応じては，それだけの時間をかけられないことも少なくありません。その場合には，やむを得ませんので，その時間的な制約の中で準備を急ピッチで進めなければなりません。

column🖋 ローマ帝国のカエサルの遺言から学ぶ

1　世界史のヒーロー，カエサル

　ローマ帝国の礎を築いたカエサル（Caesar。英語読み「シーザー」）は，世界史の教科書で学ばれた記憶があるでしょう。シェークスピアの戯曲「ジュリアス・シーザー」では，暗殺時にカエサルが発したという「ブルータス（「ブルートゥス」の英語読み），お前もか」という台詞が有名です。

　カエサルは，紀元前44年に暗殺されましたが，暗殺される約半年前に遺言を書き遺していたこと，カエサルの妹の孫であったアウグストゥス（元の名は「オクタヴィアヌス」）を養子としたことに加えて，遺言の中で後継者となるために必要なことを定めていたことは意外と知られていません。

2　カエサルの遺言

　カエサルの遺言の内容は，次の通りであったといわれています（異説もあります）。

　① 遺産の4分の3をアウグストゥスに，残りの4分の1は知人2名に
　② 予備的遺言としてブルートゥスと知人らに
　③ ローマ市民には1人300セーステルティウス（当時の通貨単位）を与えること
　④ 所有する庭をローマ市民のため公園にすること

3　カエサルの卓見（見識）

　カエサルの遺言で，その後継者として指名されたのは，妹の孫のアウグストゥスでした。妻の名前は出てきませんが，これは当時のローマでは「家父」の権限が強く，妻や子どもはその服従が強いられたからでしょう。また，友人等に対する遺贈も，当時のローマでは流行であったようです。

　カエサルの遺言には，第一相続人アウグストゥス（オクタヴィアヌス）は，相続した時点でカエサルの養子となり，息子となった彼はカエサルの名を継ぐと記載されていました。

　カエサルが遺言を作成したのは，暗殺される半年ほど前であり，当時50代であったとされています。

　カエサルの遺言で特筆すべきは，アウグストゥスの資質を見抜いて自身の後継者として選定し，カエサルの名を継がせただけではなく，ローマ市民に対し1人300セーステルティウス（現在の日本円換算で10万円位）を配ることを義務としたことでした。ローマ市民全体が約40万人であったので現在の日本円に換算すると数百億円程度の金額になったはずです。カエサルは，当時，それほど巨額の現金を持っていたわけではなかったので，所領や家族の私有資産を処分することによって資金を得たようです。

アウグストゥスは，カエサルの遺言によってカエサルの後継者となったばかりでなく，カエサルの深慮によりローマ市民からの支持を得て，私財を処分して得たお金によって私兵（軍隊）を構成することで着実に力を得て，カエサルの始めた共和制から皇帝を中心とする帝政への移行という偉業を完成させたのです。

4 カエサルの見識を現代にも活かす

アウグストゥスは，その優れた資質に加えてカエサルの路線を継承・発展させ，初代皇帝の地位に就いて，従前の共和制から帝政への移行を成功させました。しかし，それは，カエサルの遺した遺言がなければ無理であったと考えられます。

カエサルの成功のポイントは，

① 50歳代半ばで暗殺されたが，それ以前から遺言を準備していたこと

② 後継者の指名は，血縁や情に左右されることなく，自分の事業にとって最適と思われる者を選んだこと

③ 後継者には，後継者としての名や地位だけではなく，財産的な裏付けも与え，名実共に後継者となる地盤を用意したこと

④ アウグストゥスの弱点を補うために，軍事能力の秀でた部下を残したことにあります。

カエサルの英知は，現代の事業承継，遺言作成においても参考になるのではないでしょうか。世界史のヒーローは「遺言作成の達人」でもありました。

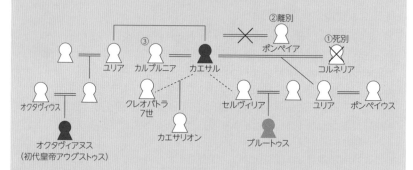

参考文献

S・B・ブラウン「カエサルの遺産相続人としてのオクターウィウス」史林36巻2号177頁以下。

椎名規子「ローマ法における婚姻制度と子の法的地位の関係」政治・経済・法律研究20巻2号47頁以下。

case 27 遺言執行者による実現

 prologue　　遺言執行者は，遺言内容を実現するために職務を行い，遺産承継手続等の円滑な処理を図ります。
　　遺言執行者の指定が求められる例としては，これまで取り上げてきた遺贈，特定財産承継遺言，相続分の指定，遺産分割方法の指定などがなされた場合，事実婚，LGBTQ，おひとりさまにおいて財産処分を委託する場合，相続人の廃除，認知，ペット，親なき後の子，祭祀，墓，死後事務委任，家じまい，遺言による信託設定，民事信託，清算型遺贈等，事業承継の場合などです。遺言内容を確実に実現させたい場合には，遺言執行者を指定するとよいでしょう。そこで，遺言執行者の権限，職務，義務について説明します。

ハナコとたけしの会話 ── 遺言執行者の職務内容

 遺言執行者を選任しておくと，どのようなメリットがあるの？

遺言執行者を決めておくと，遺言執行者は遺言の内容を実現するために，相続財産を管理し，遺言の執行の妨害の排除をすることや，その他の遺言の執行に必要な一切の行為をするよ。

 遺言の内容が廃除や，相続人を訴えるなどの相続人の利益に反する場合はどうなるの？

遺言執行者は，遺言内容を実現しなくてはいけないので，廃除や相続人を訴える必要があるよ。

 相続人は，相続財産を処分するなど遺言の執行を妨げる行為をすることができるの？

相続人による相続財産の処分は無効になるよ。

解 説

> 遺言執行者を指定すると，相続手続が便利かつ簡便となり，遺言者の意思が確実に実現されます。

1 遺言執行者の選任方法

遺言執行者は，遺言により指定される場合（指定遺言執行者）と家庭裁判所により選任される場合（選任遺言執行者）の2通りがあります。

遺言による指定

遺言者が遺言執行者を指定する場合には，必ず遺言によらなければなりません。つまり，遺言によって指定するか，遺言により指定の委託を受けた第三者が遺言執行者を指定することになります。

家庭裁判所による選任

選任遺言執行者がいない又は就職しなかった場合は，利害関係人の請求により家庭裁判所が選任しますが，亡くなった遺言者から信頼されるであろう人を選任することが多いと言えます。例えば，相続人，受遺者，弁護士です。特に，弁護士という法律専門家を遺言執行者に選任するのは，遺産承継をめぐって紛争が発生することを未然に防ぎ，もし妨害されることが生じたら，遺言執行者によって速やかにこれを除去することが期待されるからです。

2 遺言執行者の権限

遺言執行者は，遺言に示された遺言者の意思を実現するため，相続財産の管理その他執行に必要な一切の行為をする権利と義務を有します（民法1012条1項）。

遺言の内容を実現するために必要な行為として，①**相続財産の管理**，

②**遺言の執行の妨害の排除**，③**その他の遺言の執行に必要な一切の行為**をすることができます。

3 遺言執行者がした行為の効果の帰属

相続人への効果帰属

　遺言執行者が，その権限内において，遺言執行者であることを示してした行為（自己の資格を示してした行為）は，相続人に対して直接にその効力を生じます（民法1015条）。

相続人による相続財産処分の効力

　遺言で遺言執行者を指定しておくと，相続人は相続財産の処分その他遺言の執行を妨げるべき行為をすることができず（民法1013条1項），もしこれに反して相続人が相続財産の処分をした場合には，相対的無効になります（その違反を知らなかった第三者には対抗できないが，それ以外には無効となります。同条2項）。したがって，遺言者の意思がより生かされる結果となります。

4 遺言執行者の職責

　遺言執行者は遺言の内容を実現するべき職責があり（民法1012条1項），遺言内容を実現することが期待されていることが重視されます。そのために，特定財産承継遺言，相続分の指定及び指定の委託，遺産分割方法の指定及び指定の委託，遺産分割の禁止については，遺言により所期の効果が発生させるため，遺言の執行が必要になると解されます。

5 遺言執行者の義務

義務の内容

　遺言執行者は，①就職を承諾したときから，直ちにその任務を開始する義務（民法1007条1項）があります。また，②遺言執行者は，相続人に

対し遺言内容と就任の通知義務（同条2項），③財産目録を遅滞なく作成し，相続人に交付する義務もあります（同法1011条1項）。この目録は，相続人から要求がある場合には，相続人に立会わせるか，公証人にその作成をさせるかしなければなりません（同条2項）。そして，④善良な管理者の注意義務が課せられます（同法1012条3項による644条の準用）。

もし遺言執行者に職責違背があったら

遺言執行者に上記の善良な管理者としての注意義務に違反した行為があり，それによって相続人らに損害を与えた場合には，損害賠償責任を負うことになります。

また相続財産目録の交付義務の懈怠といった職務違反は，過料のような制裁はありませんが，任務懈怠を理由として家庭裁判所に対する遺言執行者の解任申立ての理由になります（民法1019条1項）。

6 遺言執行者の報酬

遺言執行者の報酬は，遺言で定められていれば，それに従います（民法1018条1項ただし書き）。遺言に定めがない場合は，家庭裁判所が遺言執行者の申立てにより相続財産の状況その他の事情によって定めます。

文例—遺言執行者の選任

【文例63】 遺言執行者の選任

第○条 遺言者は，本遺言の遺言執行者として次の者を指定する。
　事務所　○○県○○市○○1丁目2番3号○○ビル4階405
　職　業　弁護士
　氏　名　大木　武
　生年月日　昭和45年6月7日
2　上記遺言執行者に対する報酬は，相続開始の時に遺言者が有する遺産総額の1.5％とする。ただし，最低額を50万円（いずれも税別）とする。

　3　遺言者は，本遺言の内容を実現するために上記遺言執行者に対して次の権限を与える。
　⑴　不動産などの登記，登録が必要となる手続
　⑵　預貯金，有価証券等の金融資産に関する契約の解約，名義変更，換価・換金，処分代金・預け金等の受領，分配
　⑶　貸金庫契約がある場合には，その開扉，解約，内容物の受領など
　⑷　遺言者の公租公課，施設利用料，光熱費などの生前債務の調査，支払など
　⑸　保険契約，共済契約上の権利がある場合には，その保険金・共済金の受け取り，受取人の変更，その他必要な諸手続
　⑹　補助者または代理人の選任
　⑺　上記に付随するすべてのこと

失敗しないためのポイント

　遺言執行者は，財産目録を作成して（相続分のない）相続人に交付しますので，遺産の概要が判明し，相続人間の紛争・対立を引き起こす場合があります。遺言執行者を選任するか否かは，この点を考慮して判断してください。

epilogue　遺言執行者の職責は，遺言内容を実現することにありますので，遺言者の意思と相続人の利益が対立する場面では，遺言執行者は，遺言内容を実現するために職務を遂行することが求められ，相続人への説明と協議が重要となります。この点に，遺言執行者の職務の難しさがあります。
　また，信託銀行などが遺言執行者として指定されていても，相続人間で対立があると執行行為ができないため，辞任して家庭裁判所が別な遺言執行者（弁護士など）を選任するということもありますので，注意が必要です。

第11　遺言の執行

case28　死後事務委任契約

prologue　最近，おひとりさまのように相続人がいない又は親族と疎遠となっていて，自分の死後，病院代の支払や葬儀，埋葬などの事務を依頼できない高齢者が増加しています。

　人が死亡した場合，①病院または施設の室内の残置した所持品を引き取り，②病室等を明け渡し，③遺体を病院等から搬送し，④死亡届を提出し，⑤埋葬，火葬許可証を取得し，⑥葬儀をあげ，⑦火葬する，⑧病院等に対しては，後日，入院費用又は施設費用を支払い，⑨法要を経て納骨・埋葬することが一般的な流れになります。

　また，財産関係の処理として，本人の居室に関する電気・ガス・水道・電話・携帯電話・インターネット契約等の解約と精算，本人の居室の賃貸借契約解除と明け渡しなどの事務を行うことになります。この死後の事務は，相続人又は祭祀承継者としての地位に基づいて行われるものといえます。死後事務を依頼できる推定相続人がいなければ，第三者に依頼（委任）することを検討しましょう。

🪽ハナコとたけしの会話 ── 死後事務は契約なの？

遺言で，自分が死んだあとの葬儀や埋葬をお願いすることはできるの？

遺言は，基本は相続後の財産をどうしたいのか定めることだけど，その他にも祭祀や葬儀についても決めておくこともできるよ。

遺言と死後事務をお願いすることとは違うのね。

そうだね。死後事務というのは，亡くなった後でいろいろと必要になることを生前に依頼しておくということだから，基本的には「委任」や「準委任」といった民法上の契約になるんだよ。

契約ならば，頼まれる人という受任者が必要になるのね。

解　説

信頼して死後事務を頼める推定相続人がいない場合，自身の状況に応じた手段や方法の検討や，誰に頼む（委任する）かを確認し，元気なとき（判断能力があるとき）に死後事務を頼んでおきましょう。

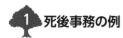

1 死後事務の例

死後事務として，次の事務が挙げられます。

① 入院していた病院の入院費用の支払，その他の債務の支払
② 入院保証金，入居一時金その他残債権の受領
③ 遺体の引き取り，葬儀，埋葬，法要，永代供養
④ 居住する家屋の明け渡し，家財道具の処分
⑤ 死後の関係者への連絡
⑥ 死亡に関する行政機関への届出
⑦ 相続財産清算人の選任の申立て

2 一般的な死後事務の処理

　一人の人間が死亡すると財産の相続だけではなくて，いろいろな死後事務の処理が必要になります。

　その場合，多くは亡くなった人の相続人（一部）がそれを行うことになります。

　しかしながら，亡くなった人に相続人がいない，いても疎遠であり，死後事務を依頼できない，また亡くなった人の希望どおりにしてもらえるという信頼がないので，生前のうちに，自身が希望するように執り行ってくれる人に頼んでおきたいと考える場合も少なくありません。

　後記の死後事務委任契約を締結するというのは，その一つの実現方法です。

　また，財産管理契約や任意後見契約を締結する方法は，委任者の生存が前提となりますので，葬儀や埋葬などの死後事務はその契約の対象と

第12 生前契約

はなりません。したがって，死後事務委任契約を締結する意味があります。

 3 死後事務委任契約の締結

　推定相続人がいない場合などには，死後事務を行うことになる人がいないため，本人として生前にこれらの死後事務を他人に依頼するというのが「死後事務委任契約」といわれるものです。

死後の事務処理を他人に依頼できるのか

　委任者の死亡後の事務処理を依頼する旨の委任契約は，委任者の死亡によっても当然に同契約を終了させない旨の合意を包含する趣旨であると解されています。そのため，民法653条1号の「委任者の死亡」は適用されないと解釈されます。

　もっとも，契約内容に不明確性や実現困難性があったり，履行負担が加重な場合など契約を履行させることが不合理と認められる特段の事由があれば，契約は終了することになります。

死後事務委任契約の場面

　死後事務委任契約は，遺言外の手段によるものとなります，生前の任意後見契約と一緒に締結されることが多く，葬儀，埋葬，永代供養，墓じまい，家じまい，ペットの世話等における事務の依頼は，遺言の付言において希望される場合もありますが，遺言外の生前の死後事務委任契約をとることで実現されることになります。

文例―死後事務委任契約

【参考文例1】　死後の事務処理に関する委任契約の例

死後事務委任契約

（契約の趣旨）

第1条　委任者○○（以下「甲」という。）は，受任者○○（以下「乙」という。）に対し，以下のとおり契約を締結します。

（委任事務の範囲）

第2条　甲は，乙に対し，甲の死亡後における次の事務（以下「本件死後事務」という。）を委任し，乙はこれを受任します。

(1)　菩提寺，親族及び関係者への連絡事務

(2)　通夜，葬儀・告別式，火葬，納骨，埋葬に関する事務

(3)　別途締結した永代供養，年忌法要に関する事務

(4)　医療費，老人ホーム等の施設利用料等その他一切の債務弁済に関する事務

(5)　介護サービス契約，入院契約，施設入居契約等の解除

(6)　入院保証金，入居一時金等その他一切の残債権の受領

(7)　少額短期保険及び終身保険に関する事務

(8)　委任者の居宅の管理，家財道具，生活用品等の遺品の整理及び処分

(9)　別途締結した任意後見契約の未処理事務

(10)　行政官庁等への諸届出事務

(11)　電気，ガス，水道，電話等公共サービスの名義変更・解約・清算手続に関する事務

(12)　インターネット上のホームページ，ブログ，SNS等への死亡の告知，又は閉鎖，解約や退会処理に関する事務

(13)　保有するパソコンの内部情報の消去事務

(14)　以上の各事務に関する費用の支払

(15)　その他死後に発生する必要な一切の事務処理

2　甲は，乙に対し，前項の事務処理をするに当たり，乙が復代理人を選任することを承諾します。

（通夜・告別式）

第3条　前条第1項の通夜・告別式については，甲の生前の意向により通夜・告別式は行わず，直葬を執り行うものとします。

（納骨・埋葬・永代供養）

第4条 第2条第1項の甲の納骨・埋葬は，○○宗○○派○○寺にて執り行ってください。

（費用の負担）

第5条 本件死後事務を処理するために必要な費用及び第6条に記載する報酬は，甲の負担とします。

2 乙は，甲から予め乙が開設する預り口の口座に本契約遂行のために必要な費用等を預かることができるものとします。

3 乙は，前項の規定により預かった費用等につき不足部分が発生した場合は，甲の指定した遺言執行者より，甲の遺産の中から支払を受けることができるものとします。

（報酬）

第6条 甲は，乙に対し，本件死後事務の報酬として，金○万円（消費税別途）を支払うものとし，本件死後事務終了後，甲の指定した遺言執行者より，甲の遺産の中から支払うものとします。

（契約の変更）

第7条 甲又は乙は，甲の生存中，いつでも合意の上，本契約を変更をすることができます。

（契約の解除）

第8条 甲は，乙に次の各号の一に該当する事由が発生したときでなければ，本契約を解除することができないものとします。

(1) 乙が甲の財産を故意又は過失により毀損し，その他乙の行為が甲に対して不法行為を構成し，そのために甲と乙の信頼関係が破壊されたとき。

(2) 乙が本件死後事務を遂行することが困難となったとき。

2 乙は，経済情勢の変化，その他相当の理由により本契約の達成が不可能若しくは著しく困難となったときでなければ，本契約を解除することはできません。

（委任者の死亡による本契約の効力）

第9条 甲が死亡した場合においても，本契約は終了せず，甲の相続人は，委任者である甲の本契約上の権利義務を承継するものとします。

2 甲の相続人は，前項の場合において，前条第1項記載の事由がある場合を除き，本契約を解除することはできません。

（契約の終了）

第10条 本契約は，以下の事由により終了します。

(1) 乙が，解散若しくは破産したとき

(2) （以降略）

（報告義務）

第11条　乙は，遺言執行者に対し，本件死後事務終了後1か月以内に，本件死後事務に関する次の事項について書面で報告しなければなりません。

⑴　本件死後事務につき行った措置

⑵　費用の支出及び使用状況

⑶　報酬の収受

（守秘義務）

第12条　乙は，本件死後事務に関して知りえた秘密を，正当な理由なく第三者に漏らしてはなりません。ただし，第11条に関する報告についてはこの限りではありません。

（協議）

第13条　本契約に定めのない事項及び疑義ある事項については，甲及び乙が協議して定めるものとします。

（参考）　齊木敏文「お一人様の終活と各種の公正証書の利用」家判40号44頁以下参照の上，一部変更。

失敗しないための
ポイント

☑　自身の死後事務を相続人に信頼して頼めるかどうかを確認・判
断しましょう。
☑　相続人以外でも信頼できる人を見つけましょう。
☑　死後事務は，委任契約で実現を図るだけではなく，負担付き死
因贈与，負担付き遺贈，信託などと組み合わせて利用することも
あります。
☑　死後事務委任契約の内容が必要にして十分か確認しておきま
しょう。

epilogue　　　人間，自身が亡くなること，亡くなった後のことは，縁起でも
ない，あまり考えたくないという心情がどこかにあります。ただ
し，これまで本書では主に遺言の作成についての必要性とその内
容について説明してきました。
　遺言は，主に遺産（財産）についての決め事となりますが，死後にはそれ以
外にも様々な事務処理（後片付け）が必要となります。したがって，それらの
ことも，生前の元気なときに決めておくことが望ましいといえます。「親族だ
からきちんとやってくれる」，「遺産を相続させるのだから，死後事務について
も，被相続人の希望どおりにやってもらえるはずだ」というのは希望的な予測
です。死後事務が予想外のものとならないように，生前からその準備をするこ
と（自身の気を奮い立たせ，決断が必要になります）が求められています。是
非検討してください。

case 29 法定後見と任意後見 ──財産管理等のための契約

 高齢になると，余生が心配だと考えるようになります。その場合，自分の介護や面倒を誰にどうみてもらうのか，自分の財産は自分のために適正に使われるのか，という問題に直面します。そのための法的な制度として，法定後見，任意後見という方法があります。

 判断能力が衰えた人のための身上保護や財産管理の制度はあるの？

法定後見と任意後見という制度があるよ。

 両者の違いはどこにあるの？

判断能力が不十分になってしまった場合が法定後見で，将来判断能力が低下するときに備える場合が任意後見（契約）といえるよ。

 財産管理等を目的とする他の制度はあるの？

信託という制度があるけど，信託は財産関係に絞られるので，本人の身上保護を目的とするなら，法定後見と任意後見が選択肢になるよ。

 解　説

法定後見も任意後見も，いずれも判断能力が衰えた人の財産管理や身上保護を代わって行う制度です。

第12　生前契約

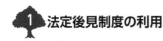

法定後見制度の利用

法定後見制度

　法定後見は，精神上の障がいにより判断能力が不十分になった人のために家庭裁判所がその程度に応じて，成年後見人，保佐人，補助人を選任するという制度で，これらの法定後見の監督は家裁が行います。

　判断能力の不十分な者について，一定の申立権者から申立てにより，家庭裁判所が審理を経て後見人等の機関を選任し，その判断能力を補う制度であり，能力の程度に応じて後見，保佐，補助の３つの制度に分かれます。

　現在，成年後見制度利用促進専門家会議において，この類型を廃止して，事案に応じて権限を付与するべきものとすることが検討されています。また，後見制度の利用促進については，第２期基本計画が提示されました。地域共生の理念が掲げられています。

後見制度の限界

　成年後見制度は判断能力が減退した（衰えてしまった）人のための制度です。したがって，判断能力の減退はないが，高齢である，あるいは身体に障がいがある，さらに浪費傾向があるというだけでは利用できません。

　成年後見制度は，家庭裁判所が監督していますし，後見人の不正を防ぐため，後見人の判断だけでは簡単に引き下ろしができない「後見制度支援預金」制度も設けられています。他方，弁護士会でも見舞金の制度のほか，最近は全国弁護士協同組合連合会（弁護士の加入率91%）が，組合員である弁護士が預かっていた財産を横領した場合に一定額（3000万円）まで保証するという制度（弁護士成年後見人信用保証）が始まり，被害者救済も行われています。

2 任意後見制度の利用

任意後見制度

任意後見は，将来，本人の判断能力が低下したときのために，任意後見人となる人との間で任意後見契約を締結しておくという方法です。

本人の判断能力に問題がないときに本人と任意後見受任者との間であらかじめ締結された任意後見契約の内容に従って，任意後見契約発効後に任意後見人が本人の財産管理を行う制度です。

ひと言アドバンス

任意後見契約について

任意後見契約に関する法律 2 条 1 号は，任意後見契約とは，委任者が，受任者に対し，精神上の障がい（認知症，知的障がい・精神障がい等）により判断能力が不十分な状況となった場合における，自己の生活，療養看護及び財産の管理に関する事務の全部又は一部について代理権を付与する委任契約で，任意後見監督人が選任された時から契約の効力が生ずる旨の定めのあるものと定義づけています。

任意後見契約は，将来の老いの不安に備えた「老い支度」「老後の安心設計」（日公連サイト）といった表現で，その必要性が説明されています。

任意後見をスタートするためには，家庭裁判所による任意後見監督人の選任が必要とされています。任意後見人は任意後見監督人の監督の下で本人のために財産管理や身上保護といった後見事務を行います。

任意後見制度の利用形態

将来型，移行型，即効型の 3 つの形態があります。

●将来型

将来型は，将来，判断能力が低下した時点で任意後見人による保護を受けようとするものです。

●**移行型**

　移行型は，通常の任意代理の委任契約と任意後見契約を同時に締結し，委任契約から任意後見契約への移行は，委任者の判断能力が低下した段階で，受任者等の申立てにより任意後見監督人を選任することにより行われています。

●**即効型**

　即効型は，任意後見契約締結後直ちに委任者又は受任者の申立てにより任意後見監督人を選任することにより行われます。これは，契約締結時に意思能力があれば，任意後見契約を締結することができるとするものですが，実務上，委任者の意思の確認等について，慎重な取り扱いが必要とされています。(注)

(注) 雨宮則夫＝寺尾洋『第3版 遺言・信託・任意後見の実務 Q&A』(日本加除出版，2018) 468頁参照。

先行する財産管理委任契約の締結

　任意後見契約は，判断能力が不十分な状況になった場合に効力を持ちますが，それ以前の判断能力が十分にあるときでも**「財産管理委任契約」**を締結しておくと，財産管理を委任することができます。「財産管理委任契約」と「任意後見契約」とをセットで（一緒に）締結したいとご希望される人も少なくありません。

　公証役場では，これを**「移行型任意後見契約」**と分類しています。委任者の判断能力が十分にあるときは「財産管理委任契約」で，判断能力が不十分な状況になったときには「任意後見契約」をスタートするという，シームレスな（途切れのない）契約を締結しておくと，より安心感が増します。

任意後見制度の限界

　任意後見人候補者として適切な者を探すのが容易ではないと指摘されています。また，必ず公正証書で契約を締結しなければならないこと，開始時には家庭裁判所に任意後見監督人選任の申立てを行い，その選任がされてからという制約があります。ただし，任意後見監督人が任意後

見人の事務処理（本人の療養看護，財産管理）をチェックしてくれるという安心感は生まれます。

失敗しないための ポイント

☑ 身上保護の必要性がある場合には，後見制度の利用が考えられます。

☑ 任意後見契約では，死後事務は委任事項に含まれていませんので，別途死後事務委任契約を締結することが必要となります。

epilogue 判断能力の低下は，徐々に表れる場合もありますし，本人はそのことに気づかない場合もあります。したがって，任意後見契約を締結しただけでは不十分なことがあり，「見守り契約」を別に締結することが必要です。

親族らと成年後見人との間において，よくコミュニケーションをとることが大切です。

信託契約（財産承継契約）

 prologue　信託契約に基づく財産承継の制度としては，遺言による信託，遺言代用信託，家族信託契約などがあります。本ケースでは，信託契約を概観します。

🖐 ハナコとたけしの会話 ── 信託の制度って何？

最近，雑誌などには，信託という制度が紹介されていて，信託は，被相続人の死後であっても，配偶者などの受益者についての介護や世話を維持しながら，財産を承継させることが可能になるって書いてあったわ。

 信託は，亡くなる人の意思をかなり自由にオーダーメイドで実現することができる利点があるんだけど，当事者である家族が理解するのに手続が難しく，また，費用がかかるなどのデメリットもあるので慎重に検討ができるといいね。
　また，信託は財産のことだけだから，身の回りのこと（身上保護）は対象外になることを知っておいた方がいいね。

 きちんと内容を理解して契約することが大切なのね。

🖐 解　説

信託は，生前と死後に合わせて財産承継に対応できるものですが，信託契約の内容は多様なため，当事者の希望や状況に照らしてどのような内容を盛り込むべきかといった設計の難しさがあります。

信 託

信託とは

　信託とは，信託の設定者（委託者）が，信託行為で，信頼できる特定の者（受託者）に対し，信託財産を信託譲渡し，受託者において，定められた信託目的に従い，信託の利益を受ける者（受益者）のために当該財産の管理または処分及びその他の当該目的の達成のために必要な行為をし，受益者は，受託者から信託の収益配当を受け取るというものです。（信託法2条1項）。

　例えば，妻や病弱で生活力がない子どもを持つ者が，遺言によって相続財産の中の金融資産を信託し，受託者をして，自分の死後に妻らのために財産管理や処分を行わせ，妻らを受益者として生活費を支給させるというものです。

> **ひと言アドバンス**
>
> **信託銀行等の商品・サービス名称としての「遺言信託」との相違**
>
> 　「遺言信託」という用語は，信託銀行等が提供する遺言に関する手続を総合的にサポートする商品という意味で用いられることがあります。これは，ここで扱う「信託法にいう遺言による信託」と名称は類似していますが，その内容（法的な意義）は違うことに注意してください。信託銀行等は，顧客の生前は，遺言の作成の相談・支援，遺言の保管を，顧客の死亡後は，遺言執行者に就任し，遺言を執行するというサービスを行っています。この制度は，遺言の執行に関するものであって，財産承継を契約に基づく信託をもって実現しようとする信託法にいう「信託」ではありません。

遺言による信託の仕組み

　委託者が，一定の目的に従い，受益者（受益権を有する者）に対し，受益権を取得させる遺言をする方法です（信託法3条2号）。

　亡くなる人＝委託者が信託条項を記載した遺言を作成し，委託者の相続開始後に受託者が信託条項に則り，信託財産を管理・運用しつつ受益者に給付していくというものです。

　信託は，本人（委託者兼当初受益者）の生前でも，死亡後でも，さらに同人の死亡後の財産承継先をも決めることができます。

【図表】　信託の基本的な仕組み

遺言による信託の効力

　遺言による信託は，信託契約に基づき法定相続とは異なる財産承継を実現するものです。そして，遺言による信託は，信託行為に別段の定めのない限り，原則として，遺言の効力発生（遺言者の死亡）から効力が生じますが，その方式及び効力については民法の規定に従うものとされ，遺贈に関する規定が類推適用されます。つまり，厳格な遺言の方式が要求され，また，遺留分に関する規定も類推適用されます。

 **2 遺言代用信託**

遺言代用信託とは

　遺言代用信託は，委託者が生存中は自分を受益者とし，自分が死亡した後は自分の子ども，配偶者その他の者を受益者と定めることにより，生前の行為（契約）により，自分の死後における財産の配分を実現する目的で設定する信託です。つまり，委託者の死後の財産処分につき，遺言の代わりに利用できる制度です。

遺言代用信託の構造

　信託された財産は，委託者が死亡した場合，承継受益者が取得するので，遺産分割協議の対象となりません。したがって，遺言を作成しなくても特定の相続人（承継受益者）が遺産を引き継ぐことができます。

遺言代用信託の類型

　遺言代用信託は，①委託者が死亡すれば受益者となる者として指定された者が受益権を取得する定めのある信託（信託法90条1項1号），②委託者の死亡を始期として受益者が信託財産にかかる給付を受ける旨の定めのある信託（同2号）があります。

遺言代用信託の特徴

　遺言代用信託は，自分の死後における財産の配分を信託の方法で生前に実現しようとするもので，死因贈与に類似します。

 3 後継ぎ遺贈型の受益者連続信託

　受益者の死亡により，当該受益者の有する受益権が消滅し，他の者が新たな受益権を取得する旨の定め（受益者の死亡により順次他の者が受益権を取得する旨の定めを含む）のある信託です。

　平成18年に改正された信託法は，財産の引継ぎ先を数次にわたりみずからの意思で決定することを希望する者に，後継ぎ遺贈と同じ効力を認める受益者連続信託を設けました。すなわち，信託法91条は，被相続人は，保有財産を受託者に信託し，その受益者を順次に指定することができるものとし，後継ぎ遺贈の方法によらなくても，自己の財産を第1次，第2次というように受益者を順次に指定することができるものとしました。受益権は，後継受益者に対し承継されるのではなく，各受益者がそれぞれ異なる受益権を原始的に取得することになります。

　たとえば，委託者である夫が金銭を信託財産として受託者に管理・運用させ，委託者の相続開始後，妻が年金形式で毎月一定額の給付を受け，さらに妻の死亡後は子どもが受給する形態です。

第12 生前契約

【図表】　後継ぎ遺贈型受益者連続信託の仕組み

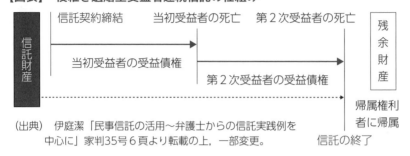

（出典）　伊庭潔「民事信託の活用〜弁護士からの信託実践例を
中心に」家判35号６頁より転載の上，一部変更。

　また，本人は自宅を後妻に利用させ，その後妻の死後は，先妻との間の子に相続させたいという例があります。

　この場合，本人が委託者＝当初受益者，受託者は第三者です。受益権は自宅に居住する権利となり，第２次受益者は後妻で，本人死亡後は，後妻が第２次受益者となります。後妻の死亡後の財産帰属権利者は子です。

　本人の当初受益権は，信託設定から本人が死亡するまで，そして，次の受益権（後妻）は，本人の死亡から後妻が死亡するまでのものとなります。

ひと言アドバンス

後継ぎ遺贈

　遺言の効力が発生した後に受遺者が死亡しても，その受遺者の相続人に遺贈の目的物を相続させるのではなく，被相続人の指定する者に遺贈の目的物を与えるという遺贈をいいます。

　後継ぎ遺贈は，これを無効と解するのが支配的な見解です。最初の受遺者の処分権を制限しないと第２次遺贈による次の受遺者への後継ぎ遺贈は保障されないところ，最初の受遺者の処分権を制限したのでは，期限付所有権を認めることになると指摘されています。存続期間を定める期限付所有権は，民法上，認められないと解されています。

4 財産管理と財産承継を兼ねた信託

　信託は，生前と死後を合わせて対応できるものです。次の例が挙げられます。ほかに養育費の信託，財産分与の信託，特定贈与信託などがありますが，詳しく知りたい方は信託法の文献を参照してください。

高齢者の財産保護

　高齢者の判断能力が減退していないものの財産の管理に負担を感じたため，信頼できる子に管理を委託し，生活費を受け取り，死亡後は，子に信託財産を承継させたいという例があります。

　この場合，委託者は本人，受益者は委託者，受託者は子となり，帰属権利者は子です。

信託を活用した認知症対策

　高齢者が近い将来，認知症になり，財産管理ができなくなることを心配し，賃貸物件の管理を子に任せ，死亡後は，子に信託財産を承継させたいという例があります。

　この場合，委託者は本人，受益者は委託者，受託者は子となり，帰属権利者は子です。

親亡き後の問題

　親が死亡した後の障がいを持った子の生活を心配し，子を第2次受益者に指定し，信託財産から金銭を分割給付し，子は財産管理ができないため，後見人又は受益者代理人を指定し，子が死亡した後は施設に寄付するという例があります。

　この場合，親が委託者＝受益者，受託者は第三者です。そして，第1次受益者（親）が死亡した場合，子を第2次受益者とし，そのサポートとして後見人又は受益者代理人を指定することになります。子が死亡した後は，施設が帰属権利者となります。

第12　生前契約

事業承継

次の2つがあります。

●企業オーナーが自社株を信託財産として議決指図権を行使して会社を経営しつつ配当を収受し，相続開始後は後継者である長男（受益者）が自社株受益権を取得する例

●企業オーナーが自社株を信託財産として議決指図権を行使して会社を経営しつつ配当を収受し，委託者の相続開始後は，信託受益権のうち収益受益権を妻（収益受益者）が取得して配当を収受し，議決指図権付きの元本受益権を後継者である子（受益者）が取得して会社を経営する例（この場合，妻の死亡後は収益受益権を子が取得することになります。）

 ## 5 信託と遺言との違い

信託は，本人（委託者兼当初受益者）の生前でも，死亡時でも，さらに同人の死亡後の財産承継先も決めることができます。

これに対し，遺言は，遺言者の死亡により，その全ての相続財産が受遺者に承継されます。

 ## 6 信託と法定後見・任意後見との違い

法定後見との違い

信託は，財産管理と財産承継が目的であり，対象財産は選択でき，裁判所の監督を受けません。受託者には裁量が認められ，積極的に財産の活用をすることも認められます。死亡後の管理も決めることができます。

これに対し，法定後見は，身上保護と財産管理が目的であり，全ての財産が対象とされますが，裁判所の監督の下，後見人による財産の活用は限定されます。

任意後見との違い

信託は，財産管理と財産承継が目的であり，受託者には身上保護の権限はありません。

　これに対し，任意後見は，元気なうちに，自分の財産の管理と身上保護をしてくれる人を契約により決めておく制度です。家庭裁判所により任意後見監督人が選任されて発効し，任意後見監督人の監督を受け，被後見人の死亡により任意後見契約は終了します。

　身上保護の必要性があるケースでは，任意後見を選択するか，信託と任意後見の併用が考えられます。

　委託者の実現したいたことが，財産関係に絞られ，その管理と財産承継である場合には，信託が選択肢となりますし，身上保護の必要性があれば，信託と任意後見の利用を検討することになります。

👉 文例―信託契約に関する内容

【参考文例２】　信託契約書の例（一部抜粋）

（信託の目的）
第１条　本信託は，委託者鈴木清（以下「委託者」という。）の信託財産目録記載の財産を受託者が管理又は処分することにより
　①　受益者の生活・介護・療養等に必要な資金を給付し，受益者が自宅（自宅での生活が困難となった場合は施設等）で安心・安定した生活を送れるようにすること
　②　前号に抵触しない範囲で，帰属権利者に財産を承継することを目的とする。
（信託契約）
第２条　委託者は，本契約の締結の日に，前条の目的に基づき，信託財産を受託者に信託し，受託者はこれを引き受けた（本契約に基づく信託を「本信託」という。）。
（信託財産―金銭）
第３条　委託者は，本契約締結後，遅滞なく，金○○○万円を受託者に引き渡す。
２　受託者は，前項の信託金銭を第○条の区分に応じ分別管理する。
（委託者）^{（注1）}
第○条　本信託の委託者は，鈴木清（昭和○年○月○日生，住所：東京都○○区○○△丁目△番△号）である。
（委託者の地位）

第○条　委託者の地位は，委託者の死亡により第二次受益者に移転する。

（受託者）

第○条　本信託の受託者は，当初受益者の長男鈴木太郎（昭和○年○月○日生，住所：東京都○○区○○△丁目△番△号）である。

（受託者の権限）

第○条　受託者は，信託不動産の売却をはじめ，本信託契約1条の信託の目的を達成するために必要な行為をする権限を有する。

（受益者）

第○条　本信託の当初受益者は，委託者鈴木清とする。

2　当初受益者である鈴木清が死亡した場合には，第二次受益者として当初受益者の妻である鈴木花子（昭和○○年○月○日生，住所：東京都○○区○○△丁目△番△号）を指定する。

（受益権）

第○条　受益者は，受益権として次の内容の権利を有する。

(1)　信託財産に属する金銭から給付を受ける権利

(2)　信託不動産を生活の本拠として使用する権利

(3)　信託不動産が処分された場合には，その対価から給付を受ける権利

（信託監督人）^(注2)

第○条　本信託にかかる信託監督人として，大木武（昭和○○年○月○日生，職業　弁護士，事務所：東京都○○区○○4丁目5番6号○○ビル7階）を定める。

2　信託監督人は，受益者のために自己の名をもって信託法92条各号^(注3)に掲げる権利に関する一切の裁判上または裁判外の行為をする権限を有する。

3　（略）

4　信託監督人に対する報酬として，月額○万円（税別）と定め，毎月末日までに当月分を本信託財産の中から支払う。

（信託の終了）

第○条　本信託は，以下の各号のいずれかに該当したときに終了する。

(1)　当初受益者及び第二次受益者が死亡したとき。

(2)　その他法定の終了原因があるとき。

（残余財産の帰属権利者等）

第○条　本信託が終了した場合の残余財産は，次の者に帰属させる。

(1)　本契約○○条○号により本信託が終了したときは，清算受託者は，次の残余財産を次の者に給付する。なお，次の者が同号に基

づく信託の終了前に死亡していた場合には，その者の法定相続人
が法定相続分に応じて残余財産の給付を受ける。
　　鈴木太郎（委託者の長男）　全部
　(2)　本契約○○条○号により信託が終了したときは，終了時の受益
者に残余財産を給付する。

（出典）　伊庭潔「民事信託の活用～弁護士からの信託実践例を中心に」家判35号12頁以
　　　　下の文例の一部を転載の上，一部修正。
（注１）　本文例は信託契約書の一部を抜粋し参考掲載している。
（注２）　近時は受益者代理人あるいは信託監督人を選定しておくのが望ましい。
（注３）　同条17号，18号，21号及び23号を除く。

 失敗しないための ポイント

　信託契約を利用すると，定期給付や受益者連続信託等，遺言など
で実現できない設計が可能ですが，信託の設定が難しいこと，設定
に伴う費用がかかること，信頼できる受託者探しが難しいこと，信
託内容が実現できることがポイントになります。
　信託は一定期間継続すること，受託者を選ばないと濫用の危険も
あることから契約内容を慎重に吟味することが重要です。
　委託者（高齢者）や受益者の権利を守るという配慮が必要です。
もし内容に不安があれば，専門家や公証役場に相談しましょう。

（参考）　日本弁護士連合会「民事信託業務に関するガイドライン」（2022年12月16日）

epilogue　　財産の引継ぎ先を数次にわたりみずからの意思で決定したいと
希望する気持ちは理解できます。他面，亡くなる人一人の意思が
世代を超えて将来の人々の法律関係まで支配することには違和感
も覚えます。亡くなる人が所有する財産をどのように処分するかについては，
法律関係を複雑・不明確にしないか，相続人間に感情的対立を招くことはない
のかなどを考慮した上で判断していきたいものです。

第12　生前契約

case 31 終末期医療と尊厳死宣言公正証書

prologue 終末期とは，老衰や疾病，障がいなどの進行によって，医療の効果が期待できず，余命が数か月以内と判断された後の時期を意味します。この終末期に行われる医療が終末期医療（ターミナルケア）と呼ばれるものです。

患者自身がこの終末期において，どのような治療を望むのかについては，自分で決めるべきことであり，「最期の時くらい，自由にしたい（自分で決めたい）」というのはもっともな心情といえます。自身の尊厳を保ったまま亡くなりたいという希望を持つ人もいます。しかし，終末期においては，意識を消失していることが多いので，自分の意思を伝えることはできません。

ハナコとたけしの会話 ── 終末期と延命治療

 友人の母が意識障がいを起こして病院に搬送されたんだけど，脳内出血で余命が数か月と診断されたみたいなのよ。

 それは大変だね。今後は終末期医療が必要になるかもね。

 病院から延命治療をするか否かについて質問があったらしく，友人は延命治療の意味を知らなくて返答に困ったって。

 そうだよね。本人は，意識障がいを起こしているから，治療方針について意思を表明することはできないことが多いね。
親族としては，延命治療とはどのような治療をいうのかを知らないと，本人がその治療を望むのかについて推測できないね。

 終末期においては，本人があらかじめ治療を望むのか，延命治療を望むのか，緩和ケア（苦痛を和らげる）を望むのかなどについて自分の意思を決めておくことが重要ということね。

 自分で決めるだけではなく，それを周囲の人に理解して貰って，その時が来たらそれを忠実に守ってもらうことも考えておいた方が良いかもね。

解　説

「人間としての尊厳を保ったまま死を迎える」ということを実現するためにはまず，自身の考え方をはっきりさせておかなければなりません。遺言公正証書を作成する時に，そのような希望を盛り込んだ「尊厳死宣言公正証書」を一緒に作成する依頼者が増えています。

 終末期医療

終末期医療とは

　終末期医療の目的は，終末期を迎えた人の精神的，身体的苦痛を取り除くことに主眼が置かれ，身体面では患者から痛みを取り除くために鎮静剤等の投薬が行われ，家族や医療従事者からは死に対する不安，恐怖による患者の精神的不安定をなくすためのサポートがなされます。この終末期における医療においては，基本的に，治療行為，延命を目的とする治療は実施されず，精神的，身体的苦痛を除去し，生活の質（QOL）の維持または向上を目指した処置が中心となります。

人生の最終段階における医療はどうあるべきかの検討

　人生の最終段階（終末期）における治療の開始・不開始及び中止等の医療のあり方の問題は，医療現場において重要な課題となります。

　厚生労働省では，昭和62年以降，継続的に検討会が開催され，ガイドラインが策定されました。

　その後，在宅及び施設での療養や看取りのニーズが増大していることや地域包括ケアシステムの構築が進められていることを踏まえ，また近年において諸外国で普及しつつあるACP（アドバンス・ケア・プランニング，「人生の最終段階の医療・ケアについて，本人が家族等や医療・ケアチームと事前に繰り返し話し合うプロセス」）の概念を盛り込み，医療・介護の現場における普及を図ることを目的に「人生の最終段階における医療の普及・啓発の在り方に関する検討会」において，詳細な検討も行われました。

そうした検討を踏まえて，厚生労働省では平成30年3月に「人生の最終段階における医療・ケアの決定プロセスに関するガイドライン」を改定し，いわゆる終末期医療に関する様々な指針を確認しました。

ひと言アドバンス

厚労省の「人生の最終段階における医療・ケアの決定プロセスに関するガイドライン」（平成30年3月）の改定
　改定された概要は，次のとおりです。
ア　ガイドラインは，本人・家族等と医師をはじめとする医療・介護従事者が，最善の医療・ケアを作り上げるプロセスを示すものである。
イ　医療・ケア行為の開始・不開始，医療・ケア内容の変更，医療・ケア行為の中止等は，医療・ケアチームによって，医学的妥当性と適切性を基に慎重に判断すべきである。
ウ　本人の意思が確認できる場合，方針の決定は，医師等の医療従事者から適切な情報の提供と説明がなされることが必要である。
エ　本人の意思は変化しうるものであり，本人が自らの意思を伝えられなくなる可能性があることから，本人が家族等（親しい友人等を含む）と話し合いが繰り返し行われることが重要である。
オ　本人の意思が確認できない場合には，家族等が本人の意思を推定できる場合には，その意思を尊重し，推定できない場合には，本人にとって最善の方針をとることを基本とする。
カ　本人の意思が確認できない場合についても，本人の意思の推定や医療・ケアチームによる方針の決定がどのように行われたかのプロセスを文書にまとめておき，家族等と医療・ケアチームとの間で共有しておくことが，本人にとって最善の医療・ケアの提供のためには重要である。

❷ 延命治療

　終末期においては，医療機関から延命治療を行うか否か，心肺蘇生の処置をするか否かなどが尋ねられます。この延命治療とは，病気の根治

ではなく，延命を目的とする治療をいいます。つまり気管切開，人工呼吸器などによって延命を図ることをいいますが，医療の発達により，延命治療が人工的に死期を引き延ばすだけの状態になることもあり，親族としても，本人がその治療を望んでいるのかについて疑問を感じる場合もありえます。

　外部から口を介さず，カテーテル（チューブ）を通して直接胃に栄養分を注入する「胃瘻（いろう）」という方法も行われることがあります。胃瘻は必ずしも終末期の人に限られず，短期で回復，終了することもありますが，長期に亘る場合もあります。

 ## 3　自己決定の重要性

　延命治療の要否等の終末期医療の決定は，本人の意思で決めることが重要であって，長寿化社会では必須となります。しかし，本人の意思が不明であったり，その意思を表明できない場合には，家族などが，医療機関から延命治療の選択を求められることになり，その際には家族は悩みと苦渋の選択を迫られることになります。終末期医療についての本人の考えは，家族のためにも自分の意思を書面に残すことが大切です。

 ## 4　尊厳死宣言公正証書

尊厳死とは

　尊厳死は，治癒の見込みのない末期の患者に対し，生命維持治療を差し控え，または中止し，人間としての尊厳を保ちつつ最期のときを迎えることをいいます。

　この尊厳死の制度は，**リビング・ウィル**の制度に由来しますが，リビング・ウィルとは，意思表明ができなくなった場合に備えて事前に行う治療上の指示をいいます。

尊厳死宣言公正証書とは

　公証実務において，尊厳死宣言公正証書を作成することがありますが，

この尊厳死宣言公正証書とは，公証人が，嘱託人による尊厳死を望む旨などの陳述内容がその真意に基づくことを五感の作用によって確認した上で，陳述の趣旨を録取し，公正証書を作成するもので，嘱託人のリビング・ウィルを公正証書で作成するものといえます。

　宣言者が作成した文書（私製文書）では，その信用度・信頼度は公証人の作成した公正証書による場合に比べて劣り，その真意であることの確認が医師や医療機関などでは困難なため，それに従ってもらえないという可能性があります。それは，ビデオや動画で作成したとしても大きな相違はありません。

公正証書作成手数料

　「尊厳死宣言公正証書」は，正本・謄本の作成費用を含めても公証人に支払う手数料は1万数千円程度です。

ひと言アドバンス

　公証実務では，「尊厳死宣言公正証書」は，遺言公正証書とは別に（同じ日に作ることはありますが）作成しています。それは，遺言公正証書は，遺言者の死亡によって効力が発生するものであるのに対し，「尊厳死宣言公正証書」は，生存中の延命治療の差し控え等の指示をするものであり，両者はその性質が異なること，遺言公正証書の中に尊厳死の条項を入れると，相続人が生前に遺言内容を知ることになるという問題があるからです。

🪶 文例—尊厳死宣言公正証書

【参考文例3】　尊厳死宣言公正証書

　　本公証人は，尊厳死宣言者鈴木清の嘱託により，令和〇〇年〇〇月〇〇日，その陳述内容が嘱託人の真意であることを確認の上，宣言に関する陳述の趣旨を録取し，この証書を作成する。

第1条　私鈴木清は，私が将来病気に罹り，それが不治であり，かつ，死期が迫っている場合に備えて，自己の人生の最後の在り方は自己の意思により決定したいとの思いから，私の家族及び私の医療に携わっている方々に以下の要望を宣言します。
　(1)　私の疾病が現在の医学では不治の状態に陥り既に死期が迫っていると担当医を含む2名以上の医師により診断された場合には，死期を延ばすためだけの延命措置は一切行わないでください。
　(2)　しかし，私の苦痛を和らげる処置は最大限実施してください。そのために，麻薬などの副作用により死亡時期が早まったとしても構いません。
第2条　この証書の作成に当たっては，あらかじめ私の家族である次の者の了解を得ております。
　妻　　　鈴木花子　昭和〇〇年〇月〇日生
　長男　鈴木太郎　昭和〇〇年〇月〇日生
　長女　佐藤一美　昭和〇〇年〇月〇日生
　　私に前条記載の症状が発生したときは，医師も家族も私の意思に従い，私が人間としての尊厳を保った安らかな死を迎えることができるようご配慮ください。
第3条　私のこの宣言による要望を忠実に果たして下さる方々に深く感謝申し上げます。そして，その方々が私の要望に従ってされた行為の一切の責任は，私自身にあります。警察，検察の関係者におかれましては，私の家族や医師が私の意思に沿った行動を執ったことにより，これらの方々を犯罪捜査や訴追の対象とすることのないよう特にお願いします。
第4条　この宣言は，私の精神が健全な状態にあるときにしたものであります。したがって，私の精神が健全な状態にあるときに私自身が撤回しない限り，その効力を持続するものであることを明らかにしておきます。

（参考）　日本公証人連合会編『新版 証書の作成と文例 家事関係編〔改訂版〕』（立花書房，2017）236頁参照。

失敗しないための ポイント

　尊厳死宣言をする嘱託人については，なぜ尊厳死宣言をするに至ったかの動機を記載するのが相当であり，その場合，尊厳死を宣言した理由として，「自己の人生の最後の在り方は自己の意思により決定したい」等の文言を入れることになります。

epilogue　家族が本人に対し延命治療をするか，しないかを判断する際において直面することは，本人に「できる限りの治療をしてあげたい」という心情，そして振り返った際の「できる限りの治療をしてあげた」という満足感・充足感と，その反面の，本人が本当にその治療を望んでいるのかという疑問，その治療がかえって本人を苦しめているのではないかという不安が根底にあるように思います。そうであるからこそ，患者本人は，終末期を迎える前に，自分が寝たきりになって意思表示ができなくなることを想像し，自分の生に対する決定を事前に示し，医療方針，特に，延命治療をするか否かを決めておくことが大切なのです。

第14　遺言の変更等

case 32　遺言の書換え

prologue　　既に遺言を作成された人から，時々遺言を変更した方がよいでしょうか？　という相談を受けることがあります。

　　遺言は一度作成しても，いつでも遺言の方式によればその書換えや変更ができます（民法1022条）。そして，遺言は，後に作成したものほど（遺言者の死期に近いものほど）優先します（民法1023条参照）。

　多くの人は，遺言の作成は1回で済ませたいと考えて作成しますが，人生は長いので，遺言作成後に資産や遺言者を取り巻く事情が変わったり，気持ちに変化が生じるなどした場合には，先に作成した遺言の変更（一部撤回）や全面的な書換えも必要になることもあるでしょう。

　本ケースでは，遺言の書換えが必要な場合と不要な場合を説明します。

ハナコとたけしの会話 ── 遺言の変更

 私の先輩で，以前に遺言を作成したのだけど，書き換えた方がよいかしらって悩んでいる人がいるの。

どうして悩んでいるの？

 子どもが二人いて，長男には自宅の不動産を，長女には預貯金を相続させようっていう遺言を作成したのだけど，不動産の価格が最近上がっているのに対し，預貯金は次第に目減りしているから「もし将来相続になった時に2人が平等じゃなくなってしまう」って心配しているの。

もしそうなら，書換えや変更を検討した方がよいかもね。

解　説

> 遺言の変更はいつでもできますが，それには遺言作成能力があること
> が前提となります。また，以前に書いた遺言を変更したい，あるいは
> 変更する事情が生じたのであれば，先に書いた遺言の形式，何をどの
> ように変更したいのかを検討し，変更手続を行いましょう。

1 遺言の変更が必要となる場合

遺言者の考えが変わった場合

　遺言作成後に，遺言者の考えに変化があり，財産を譲りたいという相
手やその財産（遺産）が変わった場合（ゼロとする場合も含みます。）には，
遺言の内容を変更する必要があります。

　財産以外にも，廃除，持戻し免除，死後認知，祭祀承継者の指定，遺
言執行者の指定など，遺言の中で決めておくことによって効力が生じる
事項について考えが変わったのであれば，必ずそれを変更する旨の遺言
を作成しておかないと，その変更の希望通りになりません。

推定相続人や遺贈（寄付）先がなくなってしまった，変わってしまった場合（ただし予備的遺言にて決めてあれば不要）

　寄付しようと思っていた団体が遺言を作成した後になくなったり，事
業内容が全く変わってしまった，代表者だった人が代わり，団体の活動
も，遺言者が期待する内容から変化してしまったということもあります。

　最近，公正証書遺言の変更で増えているのが「予備的遺言」の新設や
変更です。先に作った遺言では予備的遺言を決めておかなかった，すな
わち，遺言の中で遺産を分与しようと決めた推定相続人や受遺者が遺言
者より先に亡くなってしまうというケースは，身近に感じられるように
なりました。そのため，遺言者が遺言作成能力があるときに遺言を一部
変更（追加）して，予備的遺言についても自身で決めておきたいと希望
する人が増えています。

「相続させる」，「遺贈する」と決めた財産が変わってしまった場合（処分した場合）

　不動産を相続させようと思って遺言の中に記載したけれど，相続が開始する前にそれを処分してしまったということがあります。したがって，遺言の中で決めておいた財産を処分したときには，処分後にどうするのかということを改めて決めて遺言を書き直しておく必要があります。

遺言者の人的な関係（家族関係）が変わってしまった場合

　特に，遺留分を持つ相続人が変わった（増えた，減った）場合には，先に作成した遺言のままでは相続開始後に争いになる可能性がありますので，再検討して変更することが必要になる場合があります。

相続人から相続人以外になったときにも

　離婚や離縁などによって，相続人から相続人以外に変わる場合もあります。その場合でも財産を取得させるには，「相続させる」から「遺贈する」と変更する必要があります（case 4 参照）。

 ## 遺言の書換えが不要な場合

遺言者の氏（姓）や住所が変わった場合

　公正証書の場合には，遺言者（嘱託人）の氏名，住所，年齢，職業などを明記することが法律上求められています（公証人法36条 2 号）。これは，遺言者（嘱託人）の特定性，言葉を換えれば他人と取り違えることのないようにするためです。そして，公正証書遺言作成時を基準に記載されます。

　「年齢」は，通例，生年月日で記載されますので，変わることはありませんが，その他の氏（姓），住所，職業などは作成後に変わることがあります。職業以外の氏名と住所は，公的な文書によって，その変更の前後を証明できますので，氏（姓）や住所を変更しても，遺言の変更をする必要はありません。職業の変更を公的に証明することは困難な場合が多く，ある意味「自称」でしか記載できませんので，「職業」の変更

があったからといっても，遺言の変更までは必要ありません。

推定相続人や受遺者の「姓」や名称などが変わった場合

　遺言作成時に，遺言者だけでなく，相続人や受遺者の氏名や名称以外にも，住所，生年月日などが記載されますが，これも，人違いを防ぐための一手段といえます。これらも上記と同じ理由で，日本人であれば，住所や姓の変更は，戸籍や住民登録など公的にその前後を証明することが可能です。

　また，法人であれば，登記によって公的にその名称の変更が証明できます。

　一方，外国人であったり，外国法人やNPO団体など公的な証明制度がない法人等では，名称などが変わってしまうと同一性を証明する手段が存在しないか，前後の同一性を証明することが著しく困難になってしまうということがあります。したがって，そのような場合には，遺言を書き換えて，変更後の名称などを記載しておいた方がよいでしょう。

受遺者（相続人以外）から（推定）相続人に地位が代わった場合

　「取得させる」という表記であれば相続の場合も含まれますが，「遺贈する」と書いてあった場合で相続人となった場合，「相続させる」と書き換えをしなくても，相続させることは可能です。（⇒case 4 参照）

預けてあった銀行名（支店名）が変わった場合

　最近でも，「東京三菱UFJ銀行」が，「三菱UFJ銀行」に銀行名が変わりました。このような名称（商号）変更だけであれば遺言の書き換えは必要ありません。ただし，これからも金融機関（都市銀行，地銀，信金，信組，農協を含む）の統合，合併が行われることが予想されます。

　せっかく遺言の中で「○○銀行○○支店の普通預金の全部を相続させる」と決めておいても，肝心の○○銀行○○支店が遺言を作成した時には存在していたのに，相続時には存在していなかったということもあります。

　銀行や支店が統合されて，遺言に記載した銀行・支店が変更された場

合には，遺言の変更が必要になる場合もあります。遺言は，遺言者が亡くなったときに初めて効力を持つことになるからです。

　もし，心配であれば上記の「○○銀行○○支店」の後に「なお，同支店にある口座が遺言作成後に他の銀行，支店等に変更された場合（合併や統廃合を含む。）には，その銀行支店の口座とする。」と付記しておいた方が確実かもしれません。

　ただし，遺言者が変更後の銀行，支店にも口座があり，それを他の人に相続，遺贈したいと考えている場合には，区分するために遺言を書き換えておいた方がよいです。

3 遺言書換えの手数料

　ちなみに，公正証書遺言の場合，手数料の計算では，主位的遺言の内容で定められ，「予備的遺言」を加えても手数料を加算しない扱いとなっています。そのため，後日に変更のための公正証書遺言を作成するよりも，費用的には手間も少なくて済み，「お得」ということができます。

文例─遺言内容の書換え

【文例64】　一部変更の場合

第1条　遺言者（鈴木清）は，令和○年○月○日遺言者が自筆で作成した遺言（以下「前遺言」といいます。）のうち，第1条及び第2条を次の通り変更します。なお，前遺言第3条以下は変更を加えません。

第2条　遺言者は，前遺言第1条にて，遺言者の有する自宅の土地及び建物を遺言者の長男太郎（昭和○年○月○日生）に全てを相続させるとしましたが，それを変更し，長男太郎には自宅の土地及び建物を相続させる負担として，遺言者の長女一美（昭和○年○月○日生）に対して，相続開始後9か月以内に金○○○万円を支払わせる義務を負わせます。

第3条　遺言者は，前遺言第2条にて，遺言者の有する預貯金及び有価証券等の金融資産の全てを前記遺言者の長女一美に相続させるとしましたが，それに加えて遺言者が加入している○○生命保険会社

の○○生命保険に基づく権利（生命保険金を受け取る権利を含みます。契約者番号○○○○○）の全てを同人に相続させます。

【文例65】 全部変更（撤回）し，新たに作成する場合（自筆証書遺言→公正証書遺言）

前文略
第1条 遺言者（鈴木清）は，本公正証書遺言作成以前に作成した全ての遺言を撤回し，改めて次条以下の通り遺言する。
第2条 遺言者は，次のとおり遺言する。
（略）

失敗しないためのポイント

遺言を書き換える場合，前の遺言を全て白紙にして（撤回）全文を書き換えるか，それとも変更したい箇所だけ変更するか（一部変更）について悩むことがあります。

全文書換えであれば，変更前の遺言は要らなくなりますので，自筆の場合には処分（廃棄）してしまっても問題はありません。一部変更であれば，書き換えた新しい遺言と書き換え前（変更しない部分）の遺言と双方を保管しなければなりません。自筆の遺言の法務局保管であれば，毎回3900円と定額ですが，公正証書の場合には全文書換えか，一部書換えかによって作成費用が変わることがありますので，事前に公証役場に確認しておくとよいでしょう。

epilogue

遺言の作成や書換えはいつでも（いつまでも）できるわけではありません。年齢を重ねると遺言の作成（書換え）が次第に億劫になってしまうこともあります。認知症などの悪化による判断能力の低下により遺言の作成能力がなくなってしまえば，その作成・変更はできなくなってしまいます。配偶者に先立たれたことによるショックで遺言の変更のことまで考えられない状態になることもあります。したがって，事情や条件の変更が起きたり，考えが変わったような場合には，できるだけ速やかに変更の手続をしましょう。

case 33 デジタル機器に保存された遺言（デジタル遺言）

prologue　パソコンやスマホ（スマートフォン）等のデジタル機器が社会に広く普及し，また，マイナンバーカードとスマホの紐付け，二次元コードによる決済サービスが広がり，さらに，通院の予約・受付手続や投薬等のデータをスマホにメモすることを勧める病院が増えています。このように，社会全体がスマホ等の活用を推進する時代となっています。そして70代はもとより，80代以上の人のパソコン，スマホの所有率も上昇しています。

スマホ環境となった現代社会においては，スマホやパソコンに自分の最終的な意思を入力し，電子データとして残しておき，死後に相続人らに読んでもらうための遺言を残すことがあると思われます。

ハナコとたけしの会話 ── デジタル遺品，デジタル遺言あれこれ

 この前テレビで「デジタル遺品」について放送されていたけど，最近は何でもデジタル化されているのね。

デジタルで保存されている遺言もあるよ。

 今後，デジタル環境を利用して作成され，デジタル機器に保管される機会が増えていくと思うのだけど，どのような意味があるのかな？

スマホ等を持っていたら，気軽にデジタルを利用して，動画や音声，文書として自分の意思を残すことができると思うし，作成された遺言の効力を補完する意義もあるかもしれないね。

 デジタル遺品の処理は重要と言われているのは，どうしてなの？

デジタル遺品の処理をしないと，有料の登録サイトの引き落としも続いてしまう。SNS（ソーシャルネットワーキングサービス）やブログを利用していた場合には，規約に基づく対処をする必要もあるよね。ネット証券口座，暗号資産を持っている人もいるはずだし。

第14　遺言の変更等

解　説

> デジタル遺言は，現在，法的な遺言としての効力は認められていませんが，機器を利用してデータとして死後のメッセージを残すことができ，また，遺言の信用力を高めるという意義があります。

デジタル機器に保存された遺言データ

　遺言者がスマホやパソコンといったデジタル機器を利用して残した自分の意思は，デジタル機器内の記憶装置部分に保存されています。その保存されたデータは無体物ですから，データそのものを相続することはできません。しかし，相続人は，デジタル機器自体の所有権を相続しますので，機器内に保存されているデータを引き継ぐことができます。

ひと言アドバンス

ネットを通じたデジタルデータの保存

　データは個別の機器だけではなく，クラウドと呼ばれるネットを通じたサービスの中でストレージ（倉庫）にも保管されていることが少なくありません。代表的なものが，Google CloudやiCloudといったサービスです。クラウドのデータは，一定期間使用しなかったり，使用料が支払われないと先方から解約され，データも抹消されることになりますが，一定程度の流出の危険もあります。まずは，利用するときに信頼できる先にデータを保存し，また生前に，もう保存が不要だと判断すれば，自身で解約，データを抹消しておくことが安心です。

デジタル遺品のロック解除

　データは，デジタル機器に保存されていますので，パスワードロックがかかっている場合，相続人がそのパスワードを知らないと，ロックが

解除できず，データ化された本人の意思を確認することはできません。パスワードロックがかかった場合の解除方法がありますが，[注] もし自身が亡くなった後に一定の人にデジタル機器内の情報を知らせたいと希望するのであれば，パスワードを文書に残したり，信頼できる相続人や知人に知らせるなどして，ロック解除に係る費用と時間の浪費を避ける必要があります。

（注）伊勢田篤史＝古田雄介『デジタル遺品の探しかた　しまいかた　残しかた＋隠しかた』（日本加除出版，2021）34、49頁以降参照。

 ## 3 デジタル遺言の効力

　デジタル遺言は，スマホやパソコン等のデジタル機器を利用してデータとして作成され，保管された死後のメッセージですが，エンディングノートのデジタル版といえます。

　デジタルで保存されている遺言は，現在の民法では，遺言としての法的な効力は認められません。これは，遺言による意思表示は，成立要件として一定の方式が要求され，デジタル遺言は書面ではないので，要式性を欠き，遺言としての効力は認められないからです。しかし，遺言者が自筆の遺言を別に作成し，その内容を補う効果を認めることはできます。遺言者が，機器を使い，自分の意思を死後のために残しているのですから，相続人らはその意思を尊重することが期待できます。

　デジタル遺言を残す方法にはいくつかのサービスがあります。

4 携帯電話（スマホ）契約の解約

　携帯電話の解約については，キャリア（携帯電話会社）によって扱いが異なっているのが実情です（ただし，今後変更されることがありますので注意してください）。

第14 遺言の変更等

docomo	特に限定はない
au	契約者のご家族（パートナーシップ関係含む）・法定代理人・施設関係者
SoftBank	契約者の法定相続人
楽天モバイル	契約者の二親等以内の親族（相続人）

（他のキャリアも，上記いずれかに準じる扱いが大半です。2023年8月現在）

公正証書のデジタル化とデジタル遺言

　令和5年6月に「民事関係手続等における情報通信技術の活用等の推進を図るための関係法律の整備に関する法律案」が可決，成立したため，令和7年から公正証書の作成でも一連のデジタル化が行われ，次のようなことが可能となります。

① 公正証書の作成の嘱託（申請）につき，インターネットを利用して電子署名によること

② 公証人の面前での手続につき，嘱託人が希望し，かつ，公証人が相当と認めるときは，ウェブ会議を利用して行うことを選択できること

③ 公正証書の原本は，原則として電子データで作成・保存できること

④ 公正証書に関する証明書（正本・謄抄本）を電子データで作成・提供することを嘱託人が選択できること

　詳細は，今後決定される見込みです。

　また，法務省は，法的効力がある遺言をインターネット上で作成，保管できる「デジタル遺言」制度を創設できないかについて研究会を立ち上げ，デジタル技術を活用して真意の確認，方式の正確性を担保し，遺言の有効性に対する信頼等を確保するための方法について検討を進める予定です。

📝 文例—デジタル遺言で気持ちを伝える

【文例66】　スマートフォン等にメッセージを残しておく場合

> **付言**
>
> 　遺言者は，その使っているスマートフォンの中に，遺言者の気持ちや相続人に対するメッセージを動画として残してあるので，相続人らは，遺言者の死後それを開けて，遺言者の気持ちや考えを理解してください。
>
> 　なお，スマートフォンのパスワードは妻に伝えてあります。

失敗しないためのポイント

　人生の締めくくりとして大切な情報が表にでるためにも，生前に相続人にパスワードを教える，または遺言，日記帳，エンディングノートに記載しておくなどの配慮も必要かもしれません。

　反対に，死後であっても知られたくない内容は，パスワードの管理を徹底し，死後にもそれを第三者に知られないようにしておくことが求められます。情報を抹消する「情報（データ）スイーパー」のような仕事をする人に依頼することも検討に値します。

　現在の日本では，デジタル遺言は遺言として効力が認められていないため，自筆証書や公正証書など効力のある遺言を作成すべきでしょう。

 epilogue　デジタル遺言には，作成も修正も簡単にできるというデジタル特有の長所もありますが，反面，偽造や改ざん，情報漏洩というリスクもありますので，注意が必要ともいえます。

第14　遺言の変更等

あ と が き

　本書は，遺言を作成しようと考えている人やその作成を援助している実務家に対し，分かりやすい案内書となるものを提供したいと考えて二人で内容を練りました。

　スマホ時代となり，情報が入手しやくなりましたが，情報の正確性に疑義が残る内容のものもあります。そこで，本書は，自らが置かれている状況の下で，遺言を作成するに当たり，何が重要な事柄であるか，また遺言に記載しなくはいけない内容や留意点は何かを的確に理解できるように工夫をしました。

　筆者の二人ですが，片岡と花沢は，いずれも中央大学名誉教授永井和之先生の学窓に学び，片岡は修習生時代に，花沢は弁護士時代において，それぞれ企業再建の泰斗である清水直弁護士から薫陶を受けるという僥倖に恵まれ，実務家としての基礎を身につけることができました。

　また，片岡は裁判官から弁護士に，花沢は弁護士から公証人へとポジションを変えながらも，相続や遺言の作成に携わりました。互いに実務家の立ち位置を変えたことが，遺言に関連して物事の見方や考え方を多様化させ，本書の内容を深化させる淵源になったのではないかと思っています。

　最後に，本書完成に至るまで，フローチャートや各図表の作成，遺言・相続・終活に関連する現代的問題点等の調査に多大なる尽力をいただいた日本加除出版社編集部の森田弘香氏（当時），渡邊宏美氏に心から謝意をお伝えします。

片　岡　　　武
花　沢　剛　男

事 項 索 引

著 者 略 歴

片 岡　　武（かたおか　たけし）

東京弁護士会所属弁護士，東京家庭裁判所家事調停委員。
千葉地方裁判所，新潟地方・家庭裁判所長岡支部，旭川地方・家庭裁判所，東京
地方裁判所，青森地方・家庭裁判所八戸支部長，東京家庭裁判所，札幌高等裁判
所，横浜家庭裁判所を経て，東京家庭裁判所部総括判事（平成31年3月退官）。

花 沢　剛 男（はなざわ　たけお）

東京法務局所属公証人（武蔵野公証役場）。
元第二東京弁護士会所属弁護士（昭和62年4月～令和2年7月）
東京都弁護士協同組合専務理事・副理事長
全国弁護士協同組合連合会専務理事・副理事長
埼玉大学経済学部大学院非常勤講師　などを務める。

（令和5年9月1日現在）

令和版 実践遺言作成ガイド
家族構成・目的別に探す失敗しない66の文例

2023年9月20日　初版発行
2024年5月10日　初版第2刷発行

著　者　　片　岡　　　　武
　　　　　花　沢　剛　男

発行者　　和　田　　　裕

発行所　　日本加除出版株式会社
本　社　　〒171-8516
　　　　　東京都豊島区南長崎3丁目16番6号

組版 ㈱郁文　印刷 ㈱精興社　製本 牧製本印刷㈱

定価はカバー等に表示してあります。
落丁本・乱丁本は当社にてお取替えいたします。
お問合せの他、ご意見・感想等がございましたら、下記まで
お知らせください。

〒171-8516
東京都豊島区南長崎3丁目16番6号
日本加除出版株式会社　営業企画課
電話　　03-3953-5642
FAX　　03-3953-2061
e-mail　toiawase@kajo.co.jp
URL　　www.kajo.co.jp

Ⓒ T. Kataoka, T. Hanazawa 2023
Printed in Japan
ISBN978-4-8178-4862-8

遺言執行者の職務と遺言執行の要否
改正法を踏まえた実務詳解

片岡武 著

2021年10月刊 A5判 348頁 定価3,960円（本体3,600円）978-4-8178-4748-5

商品番号：40864
略　　号：遺執要否

● 遺言類型毎に遺言執行者の職務及び執行の要否について詳細に解説した一冊。『第2版 家庭裁判所における成年後見・財産管理の実務（2014/7）』の第4編「遺言執行者」部分を書式・改正法部分を含め大幅加筆し全面改訂。
● 新法による正しい遺言内容実現のための一冊。

第4版　家庭裁判所における遺産分割・遺留分の実務

片岡武・管野眞一 編著

2021年12月刊 A5判 664頁 定価5,060円（本体4,600円）978-4-8178-4755-3

商品番号：40394
略　　号：遺分

● 実務運用の解説→ 設例解説→ 裁判例紹介の内容構成で実務を詳解。特に遺産分割調停にスポットを当て、留意点を丁寧に解説する唯一の書。
● 第4版では、改正相続法、令和3年改正民法・不動産登記法を踏まえた最新の実務を詳解。改正法と家裁実務をさらに深く丁寧に掘り下げる。

家庭裁判所における財産管理・清算の実務
不在者財産管理人・相続財産清算人・特別縁故者への相続財産分与

片岡武・村主幸子・日野進司・小圷恵子・川畑晃一 著

2023年10月刊 A5判 408頁（予定）定価5,280円（本体4,800円）978-4-8178-4907-6

商品番号：40971
略　　号：財清

● 令和3年改正完全対応。新しい制度下での家裁の運用と参考書式等を完全リニューアル。
● シリーズを踏襲した、①実務運用の解説 ②設例解説 ③裁判例紹介の内容構成。
● 申立書式、参考記載例などの実務上参考となる記載例等を多数掲載。

日本加除出版

〒171-8516　東京都豊島区南長崎3丁目16番6号
営業部　TEL (03)3953-5642　FAX (03)3953-2061
www.kajo.co.jp